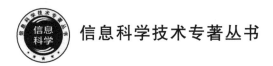信息科学技术专著丛书

路径优化模型与算法

王 莉 著

北京邮电大学出版社
www.buptpress.com

内 容 简 介

路径优化是交通运输领域中的基本问题。随着社会经济的迅猛发展以及城市规模的不断扩大,交通供需矛盾日益突出,给出行者带来诸多不便。出行者在预先设定的优化路径上通行,不仅能节省出行费用,而且对提高整个路网的通行效率也起到积极作用。本书针对实际交通环境中的各种复杂因素,通过考虑路网状态呈现出的高度动态性和不确定性,研究了如何充分考虑并合理处理复杂路网的动态性和不确定性,进而得到更加接近实际的路网信息,为出行者提供有效的路径向导。

图书在版编目(CIP)数据

路径优化模型与算法/ 王莉著. -- 北京:北京邮电大学出版社,2021.1
ISBN 978-7-5635-6253-4

Ⅰ. ①路… Ⅱ. ①王… Ⅲ. ①交通网-效率计算 Ⅳ. ①U491.1

中国版本图书馆 CIP 数据核字(2020)第 209571 号

策划编辑:姚 顺 刘纳新　　责任编辑:刘春棠　　封面设计:七星博纳	
出版发行:北京邮电大学出版社	
社　　址:北京市海淀区西土城路 10 号	
邮政编码:100876	
发 行 部:电话 010-62282185　传真:010-62283578	
E-mail:publish@bupt.edu.cn	
经　　销:各地新华书店	
印　　刷:北京玺诚印务有限公司	
开　　本:787 mm×1 092 mm　1/16	
印　　张:8.5	
字　　数:172 千字	
版　　次:2021 年 1 月第 1 版	
印　　次:2021 年 1 月第 1 次印刷	

ISBN 978-7-5635-6253-4　　　　　　　　　　　　　　　　　　定　价:43.00 元

· 如有印装质量问题,请与北京邮电大学出版社发行部联系 ·

前　言

路径优化是交通运输领域中的基本问题。随着社会经济的迅猛发展以及城市规模的不断扩大，交通供需矛盾日益突出，给出行者带来诸多不便。出行者在预先设定的优化路径上通行，不仅能节省出行费用，而且对提高整个路网的通行效率也起到积极作用。本书将基于实际路网环境，以最短路问题和协同路径优化问题为研究对象，并运用场景优化理论与方法探讨动态不确定路径优化问题的模型和算法，拟提出处理实际路网动态性和不确定性的有效方法，并将其应用于突发事件下疏散路径优化中，为交通应急疏散问题提出合理的预案。

本书共分为 7 章，第 1 章为绪论，主要介绍本书的研究背景及意义、路径优化问题及算法概述、国内外研究现状以及章节内容和结构。第 2 章引入动态模糊交通网络中的最优路径评价准则。第 3 章探讨期望时间最短的动态模糊路径的求解方法。第 4 章研究随机约束最短路问题及拉格朗日松弛算法。第 5 章探讨基于灾难应急响应的随机疏散路径规划问题。第 6 章研究动态随机路网条件下两阶段疏散路径规划问题。第 7 章对本书的研究成果进行总结，并指出今后需要进一步深入研究与探讨的问题。

路径优化涉及交通运输、运筹优化及智能计算等领域一系列相关问题的研究。本书是在我的博士学位论文《动态不确定路径优化模型与算法》的基础上修改完善的，尝试将近几年在该领域的一些研究成果与读者分享。

感谢高自友教授和杨立兴教授多年来在学术上给予的悉心指导，引领我进入浩瀚的学术海洋。感谢北京邮电大学现代邮政学院提供的良好科研环境。

本书相关研究工作的完成得到了国家自然科学基金青年基金项目(71801018)的资助，谨在此表示衷心的感谢。

由于作者水平有限，书中难免有错漏之处，恳请广大读者批评指正。

王　莉

于北京邮电大学

目　录

第 1 章　绪论 ·· 1

　1.1　研究背景及意义 ··· 1
　1.2　路径优化问题概述 ·· 3
　1.3　路径优化算法 ·· 5
　　1.3.1　经典路径优化算法 ·· 5
　　1.3.2　现代路径优化算法 ·· 7
　1.4　路径优化问题研究现状 ··· 9
　　1.4.1　动态不确定路径优化问题 ··· 9
　　1.4.2　约束最短路问题 ·· 13
　　1.4.3　疏散路径规划问题 ··· 14
　1.5　章节内容及结构 ·· 15

第 2 章　动态模糊网络最优路径的评价准则 ································· 18

　2.1　预备知识 ··· 18
　2.2　动态模糊网络 ·· 21
　　2.2.1　交通网络的时空性 ··· 21
　　2.2.2　动态模糊交通网络 ··· 22
　2.3　动态模糊最优路径的三种支配准则 ····································· 23
　　2.3.1　确定性支配准则 ·· 24
　　2.3.2　一阶模糊支配准则 ··· 25
　　2.3.3　模糊期望支配准则 ··· 26
　2.4　算例 ··· 28
　2.5　本章小结 ··· 31

第 3 章　动态模糊网络期望时间最短路径的求解方法 ···················· 32

　3.1　动态模糊交通网络中期望时间最短路径 ······························· 32

  3.1.1 问题描述 ··· 32
  3.1.2 求解方法 ··· 34
 3.2 禁忌搜索算法 ··· 38
  3.2.1 解的表示 ··· 38
  3.2.2 邻居结构 ··· 38
  3.2.3 邻居搜索 ··· 39
  3.2.4 禁忌表 ··· 39
  3.2.5 特赦准则 ··· 40
  3.2.6 求解步骤 ··· 40
 3.3 算例 ·· 42
  3.3.1 Sioux-Falls 网络算例 ··· 42
  3.3.2 北京城市快速路网算例 ·· 46
 3.4 本章小结 ··· 49

第 4 章 随机约束最短路模型及求解算法 ··· 51
 4.1 约束最短路问题的一般模型 ··· 51
 4.2 随机约束最短路模型 ·· 52
  4.2.1 决策变量 ··· 54
  4.2.2 系统约束 ··· 54
  4.2.3 目标函数 ··· 55
  4.2.4 数学模型 ··· 55
 4.3 拉格朗日松弛算法 ··· 56
  4.3.1 复杂约束的松弛 ·· 57
  4.3.2 求解算法 ··· 59
 4.4 模型的扩展 ·· 61
 4.5 算例 ·· 64
  4.5.1 简单网络算例 ··· 64
  4.5.2 中等规模算例 ··· 67
  4.5.3 大规模算例 ·· 71
 4.6 本章小结 ··· 75

第 5 章 随机疏散路径规划模型及求解算法 ··· 76
 5.1 问题描述 ··· 77

5.2 模型的建立 ·· 78
5.2.1 系统约束 ··· 79
5.2.2 目标函数 ··· 80
5.2.3 示例说明 ··· 82
5.3 模型的求解 ·· 85
5.3.1 期望负效用模型 ··· 86
5.3.2 模型分解 ··· 86
5.3.3 求解算法 ··· 88
5.4 算例 ·· 91
5.4.1 小规模算例 ·· 91
5.4.2 中等规模算例 ·· 92
5.4.3 大规模算例 ·· 96
5.5 本章小结 ·· 98

第 6 章 动态随机两阶段疏散路径规划模型及求解算法 ······························· 100
6.1 问题描述 ·· 100
6.2 动态随机两阶段疏散路径规划模型 ··· 102
6.2.1 最小费用流的一般模型 ··· 102
6.2.2 两阶段随机规划模型 ··· 103
6.2.3 动态随机两阶段路径优化模型 ··· 103
6.3 求解算法 ·· 106
6.4 算例 ·· 108
6.4.1 不同时间阈值算例 ·· 109
6.4.2 不同场景数量算例 ·· 110
6.5 本章小结 ·· 112

第 7 章 总结与展望 ·· 113
7.1 研究总结 ·· 113
7.2 研究展望 ·· 114

参考文献 ·· 116

第1章 绪 论

1.1 研究背景及意义

随着社会经济的迅猛发展以及城市规模的不断扩大,机动车保有量显著增加。以北京市为例,截止到 2019 年 10 月北京市机动车保有量已达 632.5 万辆[1],交通供需矛盾日益突出,给交通出行者带来诸多不便。同时,随着现代生活节奏的不断加快和人民生活质量的显著提高,人们越来越重视交通出行的效率。因此,在现有的交通条件下,如何提供优化的路径以提高城市居民的出行效率和质量,已成为交通运输领域关注的一个重要科学问题。

传统的出行者信息系统通过电视、报刊等提供静态的出行信息,出行者往往只能根据个人经验选择出行路线。在当今电子地图、计算机和多媒体技术高度发展的时代,先进的出行者信息系统(Advanced Traveler Information System,ATIS)有助于出行者做出更加合理的出行计划,从而为出行者提供个性化的出行指导,以达到减轻道路拥挤和减少交通事故的目的。目前,各种导航系统(如车载导航仪、手机地图导航)、可变信息标志(Variable Massage Signal,VMS)等出行者信息系统可根据路况信息为出行者提供路线引导,以减少出行时间、降低出行总成本。因此,优化路径的生成功能已然成为这些信息系统的关键功能模块。

实际中,由于诸多复杂因素的影响(如恶劣天气、汽车抛锚、道路修建、交通事故等),路段的通行时间和通行能力具有高度的不确定性,此时的路段通行时间和通行能力不能精确测量。一般来讲,不确定性包括随机性和模糊性[2]。若路段的通行信息可以通过历史数据得到,则路段属性的不确定性用随机变量表示。若缺乏路段通行信息的历史数据甚至没有数据,路段属性则通常被看作专家估计的模糊变量。另外,在某一路段上,车辆进入该路段时刻的差异可能导致通行时间的不同,如高峰时期和非高峰时期的路段通行时间具有明显差异,即随着道路拥堵程度的不同,路段通行时间和通行能力也随之动态变化。需要指出的是,本书所指的动态性(Time-dependent)与经典动态交通分配问题的动态性(Dynamic)有所区别。动态交通分配问题的动态性是指网络上的流量与路段通行时间均动态变化且相互影响:路段通行时间受交通流量动态变化的影响,同时路段通行时间的动态变化进而又影响出行者的选择行为而导致动态的流量变化。然而,本书的动态性仅体现在路段通行时间随时间而动态变化,呈现出时间相关性,未考虑它与交通流量之间的相互影响关系。

下面以路段 $a \rightarrow b$ 为例(如图 1-1 所示)来描述路段通行时间的动态性和不确定性。假设出行者在某天的上午 8:00 进入路段 $a \rightarrow b$ 时,通行时间为 5 分钟,而在 8:05 进入该路段时,通行时间为 6 分钟,这说明路段通行时间随出发时刻而动态变化,即呈现出动态性。此外,当历史样本数据充足时,可统计出路段通行时间的概率质量函数,如出行者上午 8:00 通过路段 $a \rightarrow b$ 的时间是 4 分钟的概率为 0.7,而通过该路段的时间是 5 分钟的概率为 0.3,即路段通行时间呈现出随机性;当缺乏样本数据甚至没有样本数据时,专家评判是一种估计路段通行时间的有效方法,如上午 8:00 通过路段 $a \rightarrow b$ 的时间是 4 分钟的隶属度为 0.7,而通过该路段的时间是 5 分钟的隶属度为 1.0,此时路段通行时间则呈现出了模糊性。随机性和模糊性从客观和主观上分别描述了路段通行时间的不确定性,并且它们具有完全不同的运算法则[2],前者遵循相加相乘法则,而后者遵循取大取小法则。

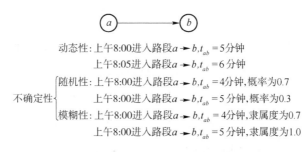

图 1-1　路段通行时间的动态性与不确定性

在上述情况下,单纯研究确定环境下静态路径优化问题显然不能满足实际交通出行的需要。因此,在具有动态性和不确定性的路网环境下如何为单个或多个 OD 间的车辆生成最短通行时间路径是一个值得深入探讨的课题。鉴于此,本书将基于实际应用背景,以最短路问题和最小费用流问题为研究对象,并结合场景优化[3](Scenario Optimization)的理论与方法探讨动态不确定路径优化模型和算法,以期得到处理实际路网动态性和不确定性的有效工具。具体地,首先,在路段通行时间样本数据缺乏的情况下,将路段通行时间处理为动态离散模糊变量,并探讨评价路径优劣的准则及求解方法。其次,在动态随机路网环境下,将路径长度、油耗等资源限制在预设阈值内,以得到稳健最短通行时间路径。再次,鉴于突发事件下(如地震、洪水)人员及车辆疏散路径分配与协同路径优化具有高度相似性,基于已提出的模型和算法,为应急管理下路径优化选择提出了总疏散时间最短的预案模型。

总之,本书以有效刻画和处理路段通行时间及通行能力的动态性和不确定性为主线,在路径评价准则、求解方法、资源约束及突发事件下的人员疏散等方面进行系统性研究,得到一系列有效的模型和算法,相关成果对处理动态不确定路网环境下的路径优化问题具有重要的现实意义,具体如下。

(1) 在缺乏历史数据的情况下,根据专家经验将路段通行时间处理为动态模糊变量,设计了禁忌搜索算法求解期望通行时间最短的路径。

(2) 在资源限制情况下,构建约束最短路模型并设计拉格朗日松弛算法来求解动态随机路网环境下期望时间最短路径。

(3) 在突发事件下,假设受灾人员以车辆为单位进行疏散,并考虑路段通行能力约束为每辆车生成稳健可靠的疏散路径,进而得到高效的疏散方案。

(4) 若灾难发生后能够获取实时路段信息,则可根据是否已有实时信息将整个疏散过程划分为两个时间阶段,进而利用两阶段随机规划思想建立疏散路径规划模型。

(5) 本书所提出的路径优化模型及基于拉格朗日松弛算法的启发式算法为满足出行者的个性化需求提供了可能,并为政府决策者在突发事件发生时制定切实可行的疏散方案提供了有效方法。

1.2 路径优化问题概述

路径优化是将人员或车辆所行驶的路线按照某种性能指标(一般以时间为主)进行优化的过程,包括最短路问题、最小费用流问题、旅行商问题、车辆路径问题等。迄今,路径优化方法已被广泛应用于交通、通信、物流及互联网等领域。由于各个领域的个性化需求以及交通路网的高度复杂性,路径优化问题也呈现了多样性特点,不同领域对路径优化的定义及求解方法也不尽相同。例如,在交通路网中为出行者寻找一条从起点至终点距离最短的路径,即为最短路问题;而寻找从起点至终点总费用最小的可行流称为最小费用流问题。本书主要基于经典最短路问题及最小费用流问题,通过考虑路网的动态不确定性、资源约束、路网信息可获取性等情况深入探讨单个或者多个出行者的路径优化问题,并将提出的模型与算法应用于疏散路径规划问题中。为系统地阐述本书的研究内容,下面将根据不同的评价指标对路径优化问题进行分类,如表 1-1 所示。

表 1-1 路径优化问题的分类

分类指标	路径优化问题分类
对路网信息的了解程度	(1)确定性路径优化问题 (2)不确定路径优化问题
路网属性是否随时间变化	(1)静态路径优化问题 (2)动态路径优化问题

续表

分类指标	路径优化问题分类
起点和终点(OD)的数量	(1)单 OD 路径优化问题 (2)多 OD 路径优化问题
网络节点的供需量	(1)最短路问题 (2)网络流问题
目标函数特点	(1)单目标路径优化问题 (2)多目标路径优化问题
网络规模	(1)小规模路径优化问题 (2)中等规模路径优化问题 (3)大规模路径优化问题

本书基于上述分类指标对路径优化问题进行分类,并提出了一系列路径优化模型与算法。下面详细介绍表 1-1 中各分类指标的含义。

- 根据路网属性信息的可获取性,可以分为确定路网和不确定路网。值得说明的是,根据不确定路网样本数据是否充足,又可以将不确定路网处理为随机网络和模糊网络。在随机网络中,可依据充足的样本数据,采用统计方式估计路段属性的概率分布;而模糊网络则是在缺少样本数据时,采用专家评判法估计路段属性的可能性分布。
- 根据路网属性是否随时间变化,可分为静态路网和动态路网。静态路网的路段属性不随时间变化。而动态路网中的路段属性随着时间而动态变化,因此动态路网又称为时变路网。
- 根据求解过程中所考虑的起点和终点数量,可以分为单 OD 路径优化和多 OD 路径优化。例如,经典最短路问题即为单 OD 路径优化问题,而多商品流问题是将多个商品从不同供应地输送至多个需求地,即为多 OD 路径优化问题。
- 根据网络节点的供需量,可分为最短路问题和网络流问题。当供需量为 1 时,该问题为最短路问题,如经典最短路问题、旅行商问题及约束最短路问题;而当供需量大于 1 时,该问题则为网络流问题,如网络最大流问题、最小费用流问题及多商品流问题。
- 根据考虑的目标函数个数,可分为单目标问题和多目标问题。单目标路径优化仅以单一属性(如距离、时间等)达到最优为目标求得优化路径,而多目标路径优化是在两个或多个目标情况下,寻找最优路径。
- 根据网络规模的大小,可分为小规模路网、中等规模路网以及大规模路网。网络规模的大小可用其包含的节点数和路段数来衡量。例如,一个具有4个节点、5条路段的网络为小规模路网;而具有933个节点、2 950条路段的芝加哥(Chicago)城市路网为一个大规模路网[4]。

基于上述分析,本书的研究重点是动态不确定路径优化问题。具体地,首先探讨OD数量及节点的供需量均为1时的动态模糊最短路的评价准则及其求解方法。其次考虑路径的资源/边际约束(Resource/Side Constraint),建立动态随机约束最短路模型。此外,探讨OD数量及节点供需量均大于1的随机协同路径优化问题(Coordinated Routing Optimization),并将其应用于突发事件下的应急疏散路径规划。最后采用先验优化和自适应选择相结合的策略,基于最小费用流理论,建立两阶段疏散路径规划模型。

1.3 路径优化算法

1.3.1 经典路径优化算法

自20世纪50年代以来,诸多领域的学者对求解路网最优路径问题进行了深入研究并提出高效算法,如Dijkstra算法[5](标号设定算法)、Bellman-Ford算法[6](标号修正算法)、Floyd-Warshall算法[7]等,这些算法均是在给定OD间找到一条最优的路径。而当需要寻找K条最短路径时,相关的算法为K最短路算法[8]。下面详细介绍本书在路径优化过程中所采用的标号修正算法和K最短路算法。

1. Dijkstra算法(标号设定算法)

Dijkstra算法的基本思想是:对于V中每一个节点j,赋予两个标号,一个是距离标号u_j,记录从起点到该节点最短路长度的上界;另一个是前趋标号$\text{pred}(j)$,记录当起点s到该节点j的一条路长取到该上界u_j时,该条路中节点j前面的那个直接前趋节点。算法通过不断修改这些标号,进行迭代计算。当算法结束时,距离标号表示的是从起点到该节点的最短路长度。在算法不断修改这些标号、迭代进行计算的过程中,所有节点被分成了两类:一类是离起点s较近的节点,它们的距离标号表示的是从点s到该节点的最短路长度,因此其标号不会在以后的迭代中再被改变,称为永久标号;另一类是离起点s较远的节点,它们的距离标号表示的是从起点到该节点的最短路长度的上界,因此其标号还可能会在以后的迭代中被改变,因此被称为临时标号。

下面将给出标号设定算法的具体步骤[9]。

步骤1:令$S=\emptyset, \bar{S}=V, u_s=u_1=0, \text{pred}(s)=0$;对$V$中的节点$j(j\neq s)$,令初始距离标号$u_j=\infty$。

步骤 2：如果 $S=V$，则 u_j 为节点 s 到节点 j 的最短路路长（最短路可以通过数组 pred 所记录的信息反向追踪获得），结束。否则，继续步骤 3。

步骤 3：从 $\bar{S}$ 中找到距离标号最小的节点 i，把它从 $\bar{S}$ 中删除，加入 S。对于所有从 i 出发的弧 $(i,j) \in A$，若 $u_j > u_i + w_{ij}$，则令 $u_j = u_i + w_{ij}$，$\text{pred}(j) = i$。转步骤 2。

2. Bellman-Ford 算法（标号修正算法）

由于标号设定算法仅适用于求解无圈网络或正费用网络的最短路问题，因此对于一般费用网络的最短路问题，需采用标号修正算法。标号修正算法的基本思路是[9]：在每次迭代中，所有节点的距离标号均为临时标号。其中，每个节点的距离标号表示在一定限制条件下，从起点至该节点的最短路长。当迭代终止时，限制条件被完全取消，此时所有节点标号同时转变为永久标号。一般标号修正算法可描述如下[9]。

步骤 1：令起点的距离标号 $u_s = 0$，前趋标号 $\text{pred}(s) = 0$；对所有其他节点 j，令 u_j 为无穷大。

步骤 2：若对所有权重为 w_{ij} 的弧 (i,j)，$u_j \leq u_i + w_{ij}$，算法结束，u_j 为从起点至节点 j 的最短路长，最短路可通过依次寻找前趋标号（pred）获得，否则转至步骤 3。

步骤 3：寻找满足 $u_i + w_{ij} < u_j$ 的弧 (i,j)，令 $u_j = u_i + w_{ij}$，$\text{pred}(j) = i$，转至步骤 2。

3. Floyd-Warshall 算法

上述介绍的两种方法均为求解给定一点到任意一点的最短路径。下面介绍求解任意两点之间最短路径的 Floys-Warshall 算法。该算法可以看成是标号修正算法的一种推广。通过迭代求解下面的方程，得到从节点 i 到节点 j 的最短路长。

$$\begin{cases} u_{ii}^{(1)} = 0 \\ u_{ij}^{(1)} = \omega_{ij}, i \neq j \\ u_{ij}^{(k+1)} = \min\{u_{ij}^{(k)}, u_{ik}^{(k)} + u_{kj}^{(k)}\}, i,j,k = 1,2,\cdots,n \end{cases}$$

在算法的具体实施过程中，与 Dijkstra 算法中用 pred 数组记录信息类似，还应该记录相应的中间信息，以便最后确定最短路。由于要记录所有节点之间最短路的信息，所以用二维数组 $P = (p_{ij})_{n \times n}$。具体来说，可以用 p_{ij} 表示从节点 i 到 j 的当前最短路中第 1 条弧的头节点。最后，可依据二维数组 P，采用"正向追踪"的方式得到最短路。Floyd-Warshall 算法可描述如下[9]。

步骤 1：$k=0$。对于所有节点 i 和 j，令 $p_{ij}^{(1)} = j$，$u_{ii}^{(1)} = 0$（可认为 $w_{ii} = 0$），$u_{ij}^{(1)} = w_{ij}(i \neq j)$（若节点 i 和 j 之间没有弧，认为 $w_{ij} = \infty$）。

步骤 2：$k = k+1$。对于所有节点 i 和 j，若 $u_{ij}^{(k)} \leq u_{ik}^{(k)} + u_{kj}^{(k)}$，令 $p_{ij}^{(k+1)} = p_{ij}^{(k)}$，$u_{ij}^{(k+1)} = u_{ij}^{(k)}$；否则令 $p_{ij}^{(k+1)} = p_{ik}^{(k)}$，$u_{ij}^{(k+1)} = u_{ik}^{(k)} + u_{kj}^{(k)}$。

步骤 3：如果 $k=n$，结束；否则转步骤 2。

4. K 最短路算法

K 最短路(K Shortest Path,KSP)问题[10]是寻找从起点至终点间的多条优化路径,形成备选路径集合,以最大限度满足出行者的不同路径选择需求。根据路径限制条件,KSP 问题可分为限定无环 KSP 问题和一般 KSP 问题:前者要求所有路径均不能含有环,即必须是简单路径;后者则对路径无任何限制。目前针对这两类 KSP 问题提出了不同的求解算法。求解限定无环 KSP 问题的算法主要有偏离路径算法和改进 Dijkstra 算法;针对一般 KSP 问题的算法有标号算法、删除路径算法、偏离路径算法及改进智能算法等。下面主要介绍本书求解 K 最短路所采用的删除路径算法。

给定有向图 $G(V,A)$,其中 V 是节点集合,A 是弧集合。删除路径算法具有以下特征[10]:假设图 G' 由图 G 通过删除最短路径 p_1 得到,则图 G 的第二最短路径 p_2 是图 G' 的最短路径,第三最短路径是在删除路径 p_1 和 p_2 后得到图 G'' 的最短路径,依此类推,得到前 K 条最短路径。因此,删除路径算法一般包括以下两步:(1)从当前图中删除某最短路径;(2)确定新产生图的最短路径。这类算法的关键在于第(1)步。通常,从图 G 删除最短路径 $p=\langle s=v_0,v_1,v_2,\cdots,v_l=t\rangle$ 产生图 G' 的过程包括以下四步[10]。

步骤 1:为路径 p 的每个中间节点 $v_i(1<i<l)$ 建立一个备份节点 v'_i,产生新的节点集合 $V'=V\cup\{v'_0,v'_1,v'_2,\cdots,v'_{l-1}\}$。需要注意的是,$v'_0$ 与 v_0 表示同一个节点。

步骤 2:将节点 $\{v'_{i-1},v'_i\}(1<i<l)$ 连接起来。

步骤 3:将节点 v_i 不在路径 p 上的前趋节点与每个节点 v'_i 相连,即 v'_i 的入弧 $in(v'_i)$ 为 $in(v'_i)=\{(j,v_i)|(j,v_i)\in A,j\in V-\{v_{i-1}\}\}\cup\{(v'_{i-1},v'_i)\}$。

步骤 4:将弧 (v_{l-1},v_l) 移到 (v'_{l-1},v_l),则路径 $p=\langle s=v_0,v_1,v_2,\cdots,v_l=t\rangle$ 从图 G' 中删除。

1.3.2 现代路径优化算法

虽然上述经典算法能得到精确解,但由于现实中各种因素(如道路拥挤、恶劣天气、道路修建、交通事故等)的影响,网络通常具有动态性和不确定性,而经典算法通常不再适用于求解具有以上特征的大规模路径优化问题。而在现实世界中,具有动态性和不确定性的路径优化问题广泛存在。鉴于此,自 20 世纪 70 年代以来,相关学者相继提出了一系列近似优化算法,如遗传算法、禁忌搜索算法、蚁群优化算法、模拟退火算法和拉格朗日松弛算法等。值得说明的是,这些现代优化算法(拉格朗日松弛算法除外)均给出了最优值的上界(以极小化目标函数为例),而拉格朗日松弛算法则给出最优值的下界。另外,上述算法均是以人类或者其他生物的行为方式为背景,通过数学抽象建立起来的算法模型,因此这些算法亦称为智能优化算法。下面重点介绍本书在模型求解过程中所用到的现代优化算法。

1. 禁忌搜索算法

禁忌搜索算法[11]由 Glover 提出。该算法是人工智能在组合优化算法中的应用,禁忌技术是该算法的主要特点。为避免在迭代过程中因局部搜索陷入局部最优,该算法使用禁忌表来记录已经到达过的局部最优点或达到局部最优的过程,在后续搜索中,选择性地搜索这些点或不再搜索禁忌表中的相关信息,从而跳出局部最优点。

禁忌搜索算法主要由禁忌表、候选集(邻居)、评价函数、停止规则以及一些相关的计算信息组成。禁忌表即指禁忌对象和禁忌长度,禁忌对象一般选择导致解变化的状态,候选集中的元素则由评价函数决定。该算法的步骤可描述如下[12]。

步骤 1:给定禁忌表 $H=\varnothing$,并选定初始解 x^{now}。

步骤 2:判断是否满足停止规则:若满足停止规则,则停止计算;否则,在 x^{now} 的邻域 $N(x^{now})$ 中选择未禁忌的候选集 $Can\_N(x^{now})$;在候选集 $Can\_N(x^{now})$ 中选择一个评价值最佳的解 x^{next},$x^{now}=x^{next}$;更新禁忌表 H,重复步骤 2。

2. 拉格朗日松弛算法

拉格朗日松弛算法的基本思想[12]是将复杂约束松弛至目标函数中,并保持目标函数的线性特性。由于通过拉格朗日松弛算法减少一些约束,求解问题的难度系数会大幅度降低,从而使问题易于求解。例如,一些组合优化问题是 NP 难问题,在现有约束条件下不存在多项式时间算法,而在减少一些复杂约束后,该问题就能够在多项式时间内求解。同时,实验结果表明,该方法能够在可接受时间内计算较好的下界。

下面以整数规划问题为例说明拉格朗日松弛算法,该问题的数学模型如下所示[12]:

$$\begin{cases} \min \boldsymbol{c}^T \boldsymbol{x} \\ \text{s. t. } \boldsymbol{A}\boldsymbol{x} \geqslant \boldsymbol{b} \\ \boldsymbol{x} \in Z_+^n \end{cases} \tag{1-1}$$

其中,决策变量 $\boldsymbol{x}$ 为 n 维列向量,系数 $\boldsymbol{c}$ 为 n 维列向量,$\boldsymbol{A}$ 为 $m \times n$ 矩阵,$\boldsymbol{b}$ 为 m 维列向量,Z_+^n 表示 n 维非负整数向量的集合。

假设整数规划问题为 NP 难问题,为了方便讨论拉格朗日松弛算法,该问题可描述如下[12]:

$$(\text{IP}) \begin{cases} z_{\text{IP}} = \min \boldsymbol{c}^T \boldsymbol{x} \\ \text{s. t. } \boldsymbol{A}\boldsymbol{x} \geqslant \boldsymbol{b} \quad (\text{复杂约束}) \\ \boldsymbol{B}\boldsymbol{x} \geqslant \boldsymbol{d} \quad (\text{简单约束}) \\ \boldsymbol{x} \in Z_+^n \end{cases} \tag{1-2}$$

其中,决策变量 $(\boldsymbol{A},\boldsymbol{b})$ 为 $m \times (n+1)$ 整数矩阵,$(\boldsymbol{B},\boldsymbol{d})$ 为 $l \times (n+1)$ 整数矩阵。则该问题的可行域为 $S=\{\boldsymbol{x} \in Z_+^n | \boldsymbol{A}\boldsymbol{x} \geqslant \boldsymbol{b}, \boldsymbol{B}\boldsymbol{x} \geqslant \boldsymbol{d}\}$。

在模型 IP 中,定义 $Ax \geqslant b$ 为复杂约束的原因为:如果去掉该约束,则模型 IP 能够在多项式时间内求得最优解,即[12]

$$\begin{cases} z'_{IP} = \min c^T x \\ \text{s.t. } Bx \geqslant d \quad (简单约束) \\ x \in Z_+^n \end{cases} \quad (1-3)$$

可以在多项式时间内求解。

对于给定的 $\lambda = (\lambda_1, \lambda_2, \cdots, \lambda_m)^T \geqslant 0$,模型 IP 对 λ 的松弛模型 LR 定义为[12]

$$(LR) \begin{cases} z_{LR}(\lambda) = \min c^T x + \lambda^T (b - Ax) \\ \text{s.t. } Bx \geqslant d \\ x \in Z_+^n \end{cases} \quad (1-4)$$

其中,LR 的可行域记为 $S_{LR} = \{x \in Z_+^n \mid Bx \geqslant d\}$,向量 $\lambda = (\lambda_1, \lambda_2, \cdots, \lambda_m)^T \geqslant 0$ 称为拉格朗日乘子。

定理 1.1[12] 松弛模型 LR 与式(1-3)具有相同的复杂性,且如果 IP 的可行域非空,则 $\forall \lambda \geqslant 0 \Rightarrow z_{LR}(\lambda) \leqslant z_{IP}$。

定理 1.1 说明拉格朗日松弛模型是原模型 IP 的下界,因此为求得与 z_{IP} 最接近的下界,则需要求解拉格朗日对偶模型 LD[12]:

$$z_{LD} = \max_{\lambda \geqslant 0} z_{LR}(\lambda) \quad (1-5)$$

求解拉格朗日对偶问题 LD 通常采用次梯度优化(Subgradient Optimization)算法,该算法的思想与非线性规划中梯度下降法的思想相同。由前边的讨论可知,每一个 λ 对应的 $z_{LR}(\lambda)$ 均可作为 IP 的一个下界,进而找到最佳值 z_{LD}。由于 LR 得到的解不一定是 IP 的可行解,需进一步将次梯度优化算法扩展为拉格朗日松弛启发式算法[12]:第一阶段是基于拉格朗日松弛算法的次梯度优化算法,第二阶段是将第一阶段中得到的不可行解可行化。

1.4 路径优化问题研究现状

1.4.1 动态不确定路径优化问题

自 20 世纪 90 年代以来,国内外相关学者广泛关注并深入探讨了路网的动态性和不确定性,且取得了丰硕的研究成果,对处理交通运输网络中路段属性的动态性和不确定性起到了重要的推动作用。

现实中,路段属性通常随着时间而动态变化,尤其是在高峰时段,路段属性呈现出的动态性更加明显。针对路网的动态性(Time-dependent),国内外学者开展了大量的研究工作。

比如,林澜等[13]针对弧权重随时间变化的特征,给出了最短路稳定性的充要条件,并以此为基础提出基于稳定区间的近似算法。何俊等[14]研究了动态交通网络的性质,针对此类网络提出了一种时间依赖的最短路算法,并将此算法成功应用于公交查询系统。刘建美等[15]分别为允许超车和不允许超车两种情况设计了动态导航最短路算法。Zilisskopoulos 和 Mahmassani[16]为寻找动态网络中的最短时间路径提出了有效算法。Grier 和 Chabini[17]将在满足 FIFO 的动态网络中寻找所有出发时刻的最小时间路径问题转化为一系列的静态最短路径树问题。Miller-Hooks 和 Sorrel[18]在一个动态的交通网络中提出了一个疏散策略以使尽可能多的人员在一定时间内到达安全区域。通过以上研究成果可知,现有文献主要通过引入离散化时间轴的方法将所考虑的时间段离散为一系列的小区间,从而有利于设计相应的方法搜索最优路径。

由于汽车抛锚、交通事故、道路维修等因素的影响,路段属性又呈现出很强的不确定性。在路网历史信息充分的情况下,路段属性的不确定性通常可用随机性来表示,表示方法大致可分为以下三类:使用离散或连续概率分布函数表示,如 Miller-Hooks[19,20],Nie 和 Wu[4],Chen 等[21];通过方差或其他统计方法刻画路段属性的矩特征,如 Fu 和 Rillett[22],Sun 等[23];基于样本或场景的表示,如 Liu[24],Chen 和 Ji[25],Xing 和 Zhou[26],Yang 和 Zhou[27]。为了简便起见,通常情况下假设路段属性之间是相互独立的,如 Wu[28],Chen 等[29],Khani 和 Boyles[30]。然而,由于交通流在时间和空间上的拥堵传播特性,路段属性之间会存在一定的相关性。例如,上午 8:00 路段 $b \to c$ 发生交通事故,之后该路段的通行时间会明显增长,同时会将拥挤效应传播至上游路段 $a \to b$,从而导致路段 $a \to b$ 的通行时间在几分钟后(如 8:05)有显著增长。针对此特点,许多学者考虑了路段属性之间的相关性(Correlation),如 Xing 和 Zhou[26],Dong 等[31],Chen 等[32,33],Huang 和 Gao[34]。

然而,在缺少路网信息甚至没有相关信息的情况下,路段属性则可根据专家经验将其处理为模糊变量。如 Yang 等[35]探讨了缺少系统参数情况下的物流中心选址问题,基于可信性理论提出了机会约束规划模型,并讨论了所提模型的性质。Mahdavi 等[36]将路段长度看作模糊数,提出了一种求解交通路网中模糊最短路的动态规划方法。Kumar 和 Kaur[37]用梯形模糊数表示系统参数(如需求量、运输成本及供应量等)来求解非平衡运输问题。Wong 等[38]通过采用模糊时间序列表示参数间的相互关系,据此提出了一个动态模糊时间序列预测模型。Zheng 和 Ling[39]提出了一个基于可信性理论的广义模型来处理应急交通管理中参数的模糊性。

现有文献大多基于优化理论的框架对路径优化问题展开研究,评价目标函数的方法主要有:极小化期望通行时间,如 Hall[40],Miller-Hooks[20],Fu[41],Yang 和 Miller-Hooks[42],Gao 和 Chabini[43];最大化按时到达概率,如 Nie 和 Wu[4],Samaranayake 等[44];最小化最大可能通行时间,如 Nielsen[45];最小化 α-可靠性(百分位)通行时间,如 Chen[46]、Zeng 等[47]。

目前,生成优化路径的方法主要可分为两类(见 Miller-Hooks 和 Mahmassani[48]):先验路径优化(a Priori Routing Optimization)和自适应路径选择(Adaptive Routing Selection)。

先验路径优化方法要求在车辆出发前基于预测的各路段通行时间,在一定规则下事先确定一条完整的最优路径。对于先验路径优化问题,Wellman 等[49]在随机一致性(Stochastic Consistency)和随机支配准则(Stochastic Dominance Principle)的基础上提出了路径生成算法。此外,Miller-Hooks 和 Mahmassani[50]将最优先验解定义为路网中具有最短期望通行时间的简单路径。为了进一步研究问题的求解策略,Miller-Hooks[19]提出了几种不同的路径支配准则(Dominance Rules),即确定性支配准则、一阶随机支配准则和期望值支配准则,并将不同准则下搜索出的非支配路径作为相应的决策方案。基于上述提出的支配准则,众多学者针对动态随机最短路问题做了一系列研究。例如,基于期望值支配准则,Fu 和 Rilett[22]提出了动态随机路网中计算路径通行时间均值和方差的近似算法。基于一阶随机支配准则,Nie 和 Wu[4,51]提出了搜索可靠先验最短路径的方法以保证按时到达的概率最大。Miller-Hooks[19],Miller-Hooks 等[52],Wu 和 Nie[53]将不同的支配准则嵌入标号修正算法以搜索出给定准则下的最优路径。

在自适应路径选择方法中,车辆行驶的最优路径并不是出发前确定,而是在车辆行驶途中基于更新的路网信息实时选择最优路径,即最终生成一系列的超路径。Hall[40]于 1986 年首次提出期望通行时间最短路径的自适应生成方法。该方法采用时间相关随机变量描述路段通行时间的动态性与随机性。自适应路径选择过程可看作多阶段随机优化问题,具体地,当车辆到达某一节点时,下一路段的选择将取决于与其相连路段的实时通行时间。在 Hall 工作的基础上,国内外学者对自适应路径选择问题进行了研究,进一步完善了该方法的理论体系。例如,Miller-Hooks[20]以期望时间最短为目标,提出了基于标号修正算法求解动态随机环境下自适应路径的算法。Yang 和 Miller-Hooks[42]在考虑信号延迟的情况下求解最优的自适应路径,实验表明,考虑信号延迟与忽略信号延迟所得到的最优解有显著不同。Gao 和 Chabini[43]为动态随机网络中的自适应路径策略问题建立了一套理论框架,并给出了该问题一系列的等价类。

不同于动态不确定最短路问题,考虑路网上多个 OD 及多车辆的路径优化问题称为协同路径优化。该问题在实际中有很多的应用,如商品流问题、航空管理问题以及应急疏散问题等。这类问题一般考虑多个 OD 对,且在路段通行能力有限的条件下,搜索出达到系统最优的路径优化方案及流量构成。动态随机协同路径优化问题的实际应用领域主要集中在航空管理方面,如 Richetta & Odoni[54],Mukherjee 和 Hansen[55]考虑机场的降落能力,为单个机场的多阶段动态随机地面停留问题提出了优化求解方法。Bertsimas 和 Patterson[56],Bertsimas 等[57]将航空交通流管理问题转化为动态多商品网络流问题,并通过实例分析验证了所设计算法的有效性。协同路径优化的另一个应用领域是紧急情况下人员和车辆疏散路径优化问题,如地震、洪水、核设施泄漏以及建筑物内人员疏散等。文献中对于紧急疏散路径规划问题的研究方法主要集中在基于元胞传输模型的动态交通分配模型和基于网络流的优化方法,相关研究包括 Sbayti 和 Mahmassani[58],Liu 等[59],Chiu 等[60],Cova 和 Johnson[61]等。值得注意的是,当突发事件发生时,路网的状态将呈现出不确定性和动态性,而上述文献中动态交通分配模型和网络流优化方法仅考虑了动态性,对不确定性未给予太多关注和合理的量化处理。因此,上述研究方法和数学模型仍具有较大的改进空间。

此外,我国学者对路径优化问题的不确定性也有较多的研究,并发表了一系列的研究成果。例如,蒋忠中和汪定伟[62]研究了物流配送车辆路径优化问题,建立了模糊规划模型,并设计嵌入 FLOYD 算法的捕食搜索算法进行求解。石玉峰[63]为战时不确定性运输路径优化问题建立了优化模型并设计了基于遗传算法的求解方法。张潜等[64]采用嵌入模糊决策规则的遗传算法求解物流配送多目标定位-运输路线安排问题,其仿真结果证明了将此混合算法用于求解中小规模物流配送问题的有效性。王谷和过秀成[65]研究了不确定网络路径优化模型及组合优化算法。李彦来等[66]为模糊参数存在下的物流配送路径优化问题建立了机会约束规划模型,并设计了遗传算法对所提出的模型进行有效求解。邱颖等[67]研究了基于 GPS 信息的物流配送车辆路径优化模型。宋瑞等[68]考虑了紧急疏散情况下公交车运行计划优化问题,并设计了基于遗传算法、神经网络和爬山算法的混合启发式算法搜索最优路径。谢小良和符卓[69]以物流配送路径优化问题为研究对象,运用模糊数学的可能性理论建立了模糊机会约束规划模型,并设计了一种新的禁忌搜索算法进行求解。郑龙等[70]研究了大规模随机运输网络的路径优化,提出了用于搜索随机运输网络中最优路径的频域生成图模型,并设计了相关算法。王清斌等[71]研究了具有节点作业随机特征的集装箱多式联运路径优化问题,并建立了带时间约束的混合整数规划模型。王君[72]研究了不确定因素下车辆路径问题,提出了一种构造多样性初始解的随机车辆配载方法,并针对具有模糊需求量的车辆路径问题提出了一种动态管理方法。程国萍等[73]针对应急救援的特点,用不确定变量表示各路段的破坏程度,以救援时间最短为目标,建立了一个不确定优化模型。张晓楠和范厚明[74]针对需求不确定的车辆路径问题建立了预优化模型,并设计了变邻域分散搜索算法进行求解。

1.4.2　约束最短路问题

经典最短路问题是在交通网络中选择一条通行时间最短的路径,该问题可通过一系列有效的算法进行求解(如 Dijkstra[5]、Dantzig[75])。然而,若出行者所选择的路径不仅要求通行时间最短,并且要求其他一些资源(距离、费用等)不超过预设的阈值,则该问题不再是经典最短路问题,而是一个改进的最短路问题,即由 Witzgall 和 Goldman[76]在 1965 年提出的约束最短路(Constrained Shortest Path,CSP)问题。与经典最短路问题相比,约束最短路问题包含一个或者多个边际约束(Side Constriant)以限制所生成路径的各路段权重(如距离、费用等)之和。该问题在现实中有很多应用。例如,航空公司的机组配对、人员调度和排班(如 Lavoie 等[77]、Gamache 等[78]、Salazar-Gonz'alez[79]),车辆和飞机的最小风险路由(如 Lee[80]、Latourell 等[81]),最小化其中一个目标,将其他目标作为边际约束的多目标最短路问题(如 Martins 和 David[82],Tarapata[83])。

由于约束最短路问题增加了一个或者多个边际约束,则该问题成为一个 NP 难问题[84],因此约束最短路问题不能通过标号设定算法或者标号修正算法求解。鉴于此,相关学者提出了其他一系列有效的算法来求解约束最短路问题。例如,(1)动态规划,Witzgall 和 Goldman[76]用动态规划的方法求解具有一个边际约束的约束最短路问题,Joksch[85]将动态规划的方法推广为求解具有多个边际约束的约束最短路问题;(2)基于动态规划的标号设定算法(Aneja 等[86]),该算法进一步提高了动态规划算法的效率;(3)结合 K 最短路算法的拉格朗日松弛算法(Handler 和 Zang[87]);(4)基于拉格朗日松弛算法的分支定界方法(Beasley 和 Christofides[88])。

近年来,众学者致力于研究更有效的方法以求解大规模约束最短路问题。例如,Avella 等[89]提出了一个全新的启发式算法,即惩罚函数法以有效求解约束最短路问题。Boland 等[90]将状态空间增广的方法应用在标号修正算法中以提高运算效率。Santos 等[91]基于 K 最短路的思想定义了一个更加高效的搜索方向来求解大规模约束最短路问题。Zhu 和 Wilhelm[92,93]以列生成算法为背景,提出了一个求解约束最短路问题的三阶段方法。Lozano 和 Medaglia[94]提出了一种高效求解大规模网络问题的精确算法。Ma[95]提出了基于 A^* 的标号设定算法来快速求解多模式约束最短路问题。

需要注意的是,由于诸如交通事故、车辆抛锚、恶劣天气、道路修建等一系列不确定因素影响着交通网络的可靠性,实际中的交通路网环境是不确定的。然而,文献中仅在确定路网条件下考虑约束最短路问题,而未在不确定路网环境下讨论该问题。因此,考虑不确定路网环境下的约束最短路问题是一个值得深入探讨的科学问题。

1.4.3 疏散路径规划问题

疏散路径规划是协同路径优化方法在现实问题中的应用。现有文献主要用解析或模拟的方法开展对疏散路径规划问题的研究。其中,解析方法已被广泛地应用于生成应急疏散路径方案。例如,Sheffi 等[96]提出了一个疏散路径规划模型以最小化清空网络的时间。Yamada[97]提出了两个网络流模型并通过最小化总通行距离来生成疏散方案。Hamacher 和 Tjandra[98]基于动态网络流思想提出了一系列模型并应用于建筑物疏散问题。Cova 和 Johnson[61]提出了一个网络流模型以制定复杂路网中基于车道的疏散方案。另外,Xie 和 Turnquist[99]提出了一个结合拉格朗日松弛算法和禁忌搜索算法的启发式算法以求解基于车道的疏散网络优化问题。为了处理容量限制,Lu 等[100,101]提出了启发式算法以寻找疏散策略的次最优解。Sbayti 和 Mahmassani[58]提出了一个系统最优的动态交通分配模型以最小化总疏散时间。基于单个目的地的疏散路径规划思想,Han 等[102]提出了一个优化框架以得到最优的目的地和分配路线。Chiu 等[60]为联合疏散问题建立了一个系统最优动态交通分配模型,并进一步将该问题转换为一个单目的地基于元胞传输模型的线性规划问题。同样地,Chiu 和 Zheng[103]用基于元胞传输的线性规划模型来处理无灾难预警的实时应急响应问题。在考虑交叉口冲突的情况下,Bretschneider 和 Kimms[104]提出了一个高效的疏散方案。模拟技术是求解疏散规划问题的另一种有效方法。Helbing 等[105]为受困且恐慌的人员提出了一个微观的疏散模拟模型。通过分析紧急情况下家庭成员的决策行为,Murray-Tuite 和 Mahmassani[106,107]提出了一个有效的疏散模拟模型。Chiu 和 Mirchandani[108]重点探讨了具有实时信息反馈的疏散策略。在多种紧急情况下,Balakrishna 等[109]提出了一个基于模拟的疏散模型。Murray-Tuite 和 Wolshon[110]详细地综述了预警传播、需求建模、路线选择以及交通分配等方面的疏散模拟方法及模型。Qu 等[111]探讨了因火灾、断电等导致电梯无法正常使用时行人疏散的动力学特性。另外,一些学者综合运用解析和模拟的方法探讨行人的疏散行为。例如,Gao 等[112]通过考虑行人间的拥挤特性及动力学特性,运用网络交通流均衡理论和行人微观运动的建模方法,建立了疏散仿真模型以描述大型公共场所中密集人群的动态疏散行为。

灾难来临时,紧急疏散过程中往往存在一些不确定因素。例如,被疏散人员的数量不能确定,道路的通行能力可能会下降以及路段通行时间有很大的不确定性。因此,近年来许多学者开始研究应对不确定性的方法。Yazici 和 Ozbay[113,114]提出了随机系统最优动态分配模型,其中前者考虑了概率容量约束,后者通过引入需求约束进一步改善了疏散模型。Miller-Hooks 和 Sorrel[18]试图最大化给定时间内成功疏散人员的数量,且该问题中弧的通行时间和通行能力均是时间相关的离散随机变量。Ng 和 Waller[115]建立了一个考虑人员数量和容量不确定性的可靠疏散规划模型。Ng 和 Lin[116]提出了已知随机变量一阶矩和二阶矩的概率不等式疏散模型。通过考虑疏散过程中外部风险的不确定性，Li 和 Ozbay[117]提出了一个基于元胞的随机动态交通分配模型。

综上所述，大部分学者用解析方法探讨疏散规划问题。表 1-2 比较了用解析方法求解疏散规划问题的关键因素。通过比较可知，以往的疏散规划模型主要以最小化总疏散时间、最小化总疏散距离及最大化动态期望流量为目标处理交通网络和建筑物的人员疏散，并且部分学者考虑了路段属性的不确定性，然而在建模过程中至今尚未有学者考虑边际约束。

表 1-2 疏散规划解析模型的关键因素的比较

目标函数	求解算法	应用网络	边际约束	不确定性	文献
MTET	NETVACI	交通网络	无	无	Sheffi 等[96]
MTED	Dijkstra 算法	交通网络	无	无	Yamada[97]
MTED	CPLEX 求解器	交通网络	无	无	Cova 和 Johnson[61]
MTET	启发式算法	建筑物	无	无	Lu 等[100,101]
MTET	启发式算法	交通网络	无	无	Sbayti 和 Mahmassani[58]
MTET	DYNASMART-P	交通网络	无	无	Han 等[102]
MTET	—	交通网络	无	无	Chiu 等[60]
MTET	LIPSOL 求解器	交通网络	无	无	Chiu 和 Zheng[103]
MTET	P-阶有效点	交通网络	无	有	Yazici 和 Ozbay[113]
MDEF	遗传算法	建筑物	无	有	Miller-Hooks 和 Sorrel[18]
MTET	GAMS 求解器	交通网络	无	无	Ng 和 Waller[115]
MTET	基于松弛的算法	交通网络	无	无	Bretschneider 和 Kimms[104]
MTET	启发式算法	交通网络	无	有	Li 和 Ozbay[117]

注：MTET—最小化总疏散时间；MTED—最小化总疏散距离；MDEF—最大化动态期望流量。

1.5 章节内容及结构

本书将基于实际路网环境，以最短路问题和协同路径优化问题为研究对象，并运用场景优化理论与方法探讨动态不确定路径优化问题的模型和算法，拟提出处理实际路网动态性和不确定性的有效方法。鉴于突发事件下人员的疏散路径分配与协同路径优化具有高度的相似性，本书将基于所提出的模型和算法，为交通应急疏散问题提出合理的预案。本书的主要研究工作如下。

（1）动态模糊交通路网中的最优路径评价准则。在拥挤路网环境且缺少样本数据的情况下，基于模糊集理论，采用动态离散模糊变量刻画路段通行时间的动态性和不确定性。基于上述数据表示方式，在某一时间区间或某一时间区段内提出三类比较路径的准则，即确定性支配准则、一阶模糊支配准则及模糊期望值支配准则，进一步分析各准则的性质及相互关系。

（2）最小期望时间动态模糊路径的求解方法。在缺乏样本数据的情况下，基于可能性理论，采用动态离散模糊变量刻画高峰期的路段通行时间。以最小化期望通行时间为目标，为动态模糊交通网络中的路径生成问题建立了多目标 0-1 整数规划模型，并设计了基于禁忌搜索算法的启发式算法寻找期望时间最短的路径。

（3）随机约束最短路问题及求解算法。基于联合概率分布的思想，将约束最短路问题的路段通行时间处理为时间相关的随机变量，建立了以寻找期望时间最短路径为目标的 0-1 数学规划模型。采用拉格朗日松弛算法松弛复杂约束，进而设计了一个基于次梯度算法、标号修正法及 K 最短路算法的算法框架来极小化上界和下界间的差值，以逼近最优解。进一步地，将该模型推广为考虑时变路段通行时间的动态模型。

（4）基于灾难应急响应的随机疏散路径规划问题。在灾难发生后，本书假设受灾人员均各自乘车疏散，并将每辆车看作一个独立个体。同时，路段通行时间及通行能力被处理为基于场景的随机变量，引入了三种评价准则生成可靠的疏散方案。进一步，针对期望负效用整数规划模型，设计了基于松弛的启发式算法求解大规模疏散路径规划问题。

（5）动态随机路网环境下两阶段应急疏散路径规划问题。基于先验优化和自适应路径选择思想，将突发事件发生后的路网分为两个时间阶段，称为先验优化阶段和自适应选择阶段。在先验优化阶段，假设突发事件将要发生或刚刚发生时无法获取实时路网信息，决策时将基于历史或估测的数据得到先验疏散方案。在自适应选择阶段，假设突发事件发生后可以获取实时路网信息，采用自适应路径选择的方式针对不同的场景选择相应的疏散策略。最后，建立了以极小化期望通行时间为目标的两阶段动态随机协同路径优化模型。

根据以上研究内容，本书共分为 7 章，如图 1-2 所示。第 1 章为绪论，主要介绍了本书的研究背景及意义、路径优化问题及算法概述、国内外研究现状以及研究内容和结构。第 2 章引入了动态模糊交通网络中的最优路径评价准则。第 3 章探讨了期望时间最短的动态模糊路径的求解方法。第 4 章研究了随机约束最短路问题及拉格朗日松弛算法。第 5 章探讨了基于灾难应急响应的随机疏散路径规划问题。第 6 章研究了动态随机路网条件下两阶段疏散路径规划问题。第 7 章为本书的总结与研究展望。

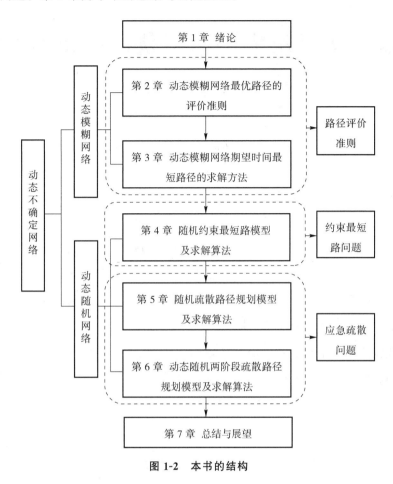

图 1-2　本书的结构

第 2 章 动态模糊网络最优路径的评价准则

实际交通出行中,人们通常关注出行时间的长短,因此通行时间是评价路径优劣的一个重要指标。在经典最短路问题中,路段通行时间一般被处理为常数[118],两条路径的优劣通过比较相应的通行时间即可判断。但在拥挤交通路网中(如北京、上海),路段通行时间大多具有动态不确定性。在此情况下,可能从某一时刻出发的若干条路径以一定的概率(或隶属度)成为最短路径。因此,如何比较动态不确定路网中的路径通行时间即成为实际应用中的一个重要课题。在路段通行时间为分布时变的离散随机变量情况下,Miller-Hooks[19]提出了若干比较动态随机路网中路径优劣性的方法。而在缺乏样本数据的情况下,路段通行时间可由专家估计的方式处理为模糊变量。例如,Yang 等[119,120]引入了基于模糊变量的恢复时间刻画复线铁路网络中事故持续时间的不确定性。Liu 等[121]利用二型模糊变量来刻画多模式运输问题中参数的不确定性。然而,文献中针对评价动态模糊路网中最优路径的研究尚不充分。为此,本章将着重研究模糊动态路网中路径的生成准则。

2.1 预备知识

本章工作主要是在模糊集理论的基础上开展的。为了本章的完整性,首先引入模糊集理论的相关知识,包括可能性测度的公理体系、可信性测度、可信性分布、模糊变量的期望值算子以及模糊图等。

在模糊集理论中,Zadeh[122]提出了可能性测度(简称为 Pos)来度量模糊事件发生的机会。为了建立模糊集理论的公理体系,Liu[123]给出了如下四条公理。

假设 Θ 为非空集合,$P(\Theta)$ 表示 Θ 的幂集。$\text{Pos}\{A\}$ 表示模糊事件 $A \in P(\Theta)$ 发生的可能性,则有

公理 1 $\text{Pos}\{\Theta\} = 1$;

公理 2 $\text{Pos}\{\varnothing\} = 0$;

公理 3 对于 $P(\Theta)$ 中任意的集合序列 $\{A_i\}$,有 $\text{Pos}\{\bigcup_i A_i\} = \sup_i \text{Pos}\{A_i\}$;

公理 4 若 $\Theta_i (i=1,2,\cdots,n)$ 为非空集合,且 $\Theta = \Theta_1 \times \Theta_2 \times \cdots \times \Theta_n$,则对于 $A \in P(\Theta)$,有

$$\text{Pos}\{A\} = \sup_{(\theta_1,\theta_2,\cdots,\theta_n)\in A} \text{Pos}_1\{\theta_1\} \wedge \text{Pos}_2\{\theta_2\} \wedge \cdots \wedge \text{Pos}_n\{\theta_n\}$$

简记为 $\text{Pos} = \text{Pos}_1 \wedge \text{Pos}_2 \wedge \cdots \wedge \text{Pos}_n$。

定义 2.1[2] 假设 Θ 为非空集合,$P(\Theta)$ 是 Θ 的幂集。若 Pos 满足前 3 条公理,则称为可能性测度。

定义 2.2[2] 假设 Θ 为非空集合,$P(\Theta)$ 是 Θ 的幂集。若 Pos 是可能性测度,则三元组 $(\Theta, P(\Theta), \text{Pos})$ 称为可能性空间。

定义 2.3[2] 模糊变量是一个从可能性空间 $(\Theta, P(\Theta), \text{Pos})$ 到实数集 **R** 的函数。

定义 2.4[24] 假设 ξ 是可能性空间 $(\Theta, P(\Theta), \text{Pos})$ 的模糊变量,则它的隶属函数可由可能性测度导出,即 $\mu(x) = \text{Pos}\{\theta \in \Theta \mid \xi(\theta) = x\}, x \in \mathbf{R}$。

定义 2.5[24] 假设 $(\Theta, P(\Theta), \text{Pos})$ 是可能性空间,A 是幂集 $P(\Theta)$ 中的一个元素,则称
$$\text{Nec}\{A\} = 1 - \text{Pos}\{A^c\}$$
为事件 A 的必要性测度,其中 A^c 表示 A 的补集。

需要注意的是,当 $\text{Pos}\{A\} = 1$ 时,模糊事件 A 可能不会发生。由必要性测度的定义,即使 $\text{Nec}\{A\} = 0$,模糊事件 A 也有可能会发生。为了弥补可能性测度和必要性测度存在的不足,Liu B. 和 Liu Y. K.[124]提出了可信性测度的概念。

定义 2.6[124] 假设 $(\Theta, P(\Theta), \text{Pos})$ 是可能性空间,A 是幂集 $P(\Theta)$ 中的一个元素,则称
$$\text{Cr}\{A\} = \frac{1}{2}(\text{Pos}\{A\} + \text{Nec}\{A\})$$
为事件 A 的可信性测度。

定义 2.7[123] 假设 ξ 为模糊变量,若函数 $\Phi:[-\infty,+\infty] \to [0,1]$ 满足:
$$\Phi(x) = \text{Cr}\{\theta \in \Theta \mid \xi(\theta) \leqslant x\}$$
则 Φ 称为模糊变量 ξ 的可信性分布。

定义 2.8[124] 假设 ξ 为模糊变量,则称
$$E[\xi] = \int_0^{+\infty} \text{Cr}\{\xi \geqslant r\} \mathrm{d}r - \int_{-\infty}^0 \text{Cr}\{\xi \leqslant r\} \mathrm{d}r$$
为模糊变量 ξ 的期望值(为了避免出现 $\infty - \infty$ 情形,要求上式右端两个积分至少一个有限)。

下面以离散模糊变量为例,说明期望值算子的计算过程。设 ξ 为离散模糊变量,分布如下所示:

$$\xi = \begin{cases} a_1, & \text{可能性为 } \mu_1 \\ a_2, & \text{可能性为 } \mu_2 \\ \vdots & \vdots \\ a_m, & \text{可能性为 } \mu_m \end{cases}$$

不失一般性,假设 $a_1 \leqslant a_2 \leqslant \cdots \leqslant a_m$。由定义 2.8,离散模糊变量 ξ 的期望值为

$$E(\xi) = \sum_{i=1}^{m} w_i a_i \tag{2-1}$$

其中权重系数 $w_i(i=1,2,\cdots,m)$ 可表示如下：

$$w_1 = \frac{1}{2}(\mu_1 + \max_{1 \leqslant j \leqslant m} \mu_j - \max_{1 < j \leqslant m} \mu_j)$$

$$w_i = \frac{1}{2}(\max_{1 \leqslant j \leqslant i} \mu_j - \max_{1 \leqslant j < i} \mu_j + \max_{i \leqslant j \leqslant m} \mu_j - \max_{i < j \leqslant m} \mu_j), 2 \leqslant i \leqslant m-1 \tag{2-2}$$

$$w_m = \frac{1}{2}(\max_{1 \leqslant j \leqslant m} \mu_j - \max_{1 \leqslant j < m} \mu_j + \mu_m)$$

易证明权重系数 $w_i \geqslant 0, i=1,2,\cdots,m$，且所有权重系数总和为

$$\sum_{i=1}^{m} w_i = \max_{1 \leqslant j \leqslant m} \mu_j = 1$$

本章探讨的路网环境为具有动态模糊路段通行时间的交通网络。为清晰描述模糊交通网络的特点，下面引入模糊图概念。

定义 2.9[125]　假设 σ 是非空节点集合 V 的模糊子集，μ 是 σ 上的对称模糊关系，则模糊图可简记为 $G(\sigma, \mu)$。模糊图 $G(\sigma, \mu)$ 的清晰图记为 $G^*(V, A)$，其中 $A \subseteq V \times V$。若 $\mu(uv) = \sigma(u) \wedge \sigma(v), u, v \in V$，则 G 称为完全模糊图。

图 2-1 给出了具有 4 个可能节点的模糊图。其中，每个节点存在的可能性为 $\sigma(v_1) = 0.6, \sigma(v_2) = 0.7, \sigma(v_3) = 0.5, \sigma(v_4) = 0.9$。根据定义 2.7，可推导出每条边存在的可能性。例如，$\mu(v_1 v_2) = \sigma(v_1) \wedge \sigma(v_2) = 0.6 \wedge 0.7 = 0.6$ 表示边 (v_1, v_2) 存在的可能性为 0.6。

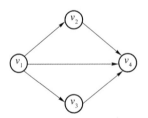

图 2-1　模糊图示例

模糊图已被广泛应用于现实中的一系列问题，如森林群落演替过程分析[126]和模糊认知图[127]。然而，这种表示方法并不能充分体现本章所研究模糊图的动态性和模糊性。因此，提出如下时空模糊图的概念。

定义 2.10　假设 $V = \{v_1, v_2, \cdots, v_n\}$ 为节点集合，$A = \{a_1, a_2, \cdots, a_m\}$ 为弧的模糊集合，其存在的可能性记为 $\mu(a_i), a_i \in A$，则称 $G(V, A)$ 为时空模糊图。对于 $\forall a_i, a_j \in A, \mu(a_i \times a_j) = \mu(a_i) \wedge \mu(a_j)$ 表示弧 a_i 和 a_j 同时存在的可能性①。

---

① 与公理 4 一致，选择最小化算子计算两条弧同时存在的可能性。

例 2.1 为了清晰地解释定义 2.10,图 2-2 给出了简单时空模糊图,其中节点集合是确定的,弧则以一定的可能性存在。根据定义 2.10,在 t_0 时刻,弧 $a_1=(v_1,v_2)$ 存在的可能性为 0.6;在 t_1 时刻,$a_2=(v_2,v_3)$ 存在的可能性为 0.8。这两条弧同时存在的可能性为 $\mu(a_1 \times a_2)=\mu(a_1) \wedge \mu(a_2)=0.6$。

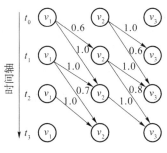

图 2-2 简单时空模糊图

综上所述,定义 2.10 的时空模糊图与定义 2.9 相比具有如下特点:

(1)在时空模糊图中,节点集合是确定的,而在一般模糊图中节点则以一定的可能性存在;

(2)在时空模糊图中,弧的存在与否是不确定的,即弧以一定的可能性存在。

2.2 动态模糊网络

2.2.1 交通网络的时空性

考虑交通网络 $G(V, A)$,其中 V 表示节点集合,A 表示物理路段集合。在行驶畅通的交通网络中,路段通行时间通常假定为常数,而在拥挤交通网络中,路段通行时间与进入该路段的时刻密切相关。为清晰地刻画路段通行时间随出发时刻不同而动态变化的特点,本书将拥挤时间区段 T 离散为一系列的时间戳(Timestamp),即 $T=\{t_0+n\delta | n=0,1,\cdots,M\}$,这里假设 δ 是很小的时间增量,且在每个时间增量内路段通行时间的分布函数不会发生变化。简便起见,离散时间集合 T 可记为 $T=\{t_n | n=0,1,\cdots,M, t_n=t_0+n\delta\}$。图 2-3(a)给出了一个具有动态路段通行时间的物理网络,该网络包括三个节点 a、b 和 c,两条路段 (a,b) 和 (b,c)。其中,路段通行时间用列向量表示,且向量中的每个元素表示不同出发时刻对应的通行时间。例如,若从 t_2 时刻出发,通过路段 (a,b) 所用的时间为 4 个单位。本质上,该动态物理网络可扩展为时空网络,如图 2-3(b)所示,横轴表示所考虑的时间区段,该时间区段被离散为 9 个时间戳,即 8 个时间区间。纵轴表示各节点的空间状态,时空网络中的弧段所对应的横轴长度即为该路段的通行时间,如弧 (a_0,b_2) 所对应的横轴长度为两个单位,表示从 t_0

出发,通过路段(a,b)需要两个单位。

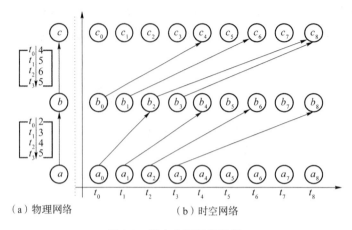

(a) 物理网络　　　　(b) 时空网络

图 2-3　动态交通网络示例

2.2.2　动态模糊交通网络

实际路网中,恶劣天气、交通事故、汽车抛锚、道路修建等因素的影响会导致路段通行时间的不确定性。本章着重考虑缺乏路段历史信息的情况,即采用专家估计方法把路段通行时间处理为模糊变量。为同时表示路段通行时间的动态性和模糊性,可将图 2-3 扩展为动态模糊交通网络。如图 2-4 所示,路段通行时间为离散模糊变量,其分布函数随时间而动态变化。假设每个出发时刻的路段通行时间是提前给定的,例如,在 t_0 时刻从节点 a 出发至节点 b,通行时间为 1 个时间单位的可能性为 0.8,通行时间为两个时间单位的可能性为 1.0;若在 t_1 时刻出发,则通行时间为两个时间单位的可能性为 0.7,通行时间为 4 个时间单位的可能性为 1.0。

需要说明的是,在此假定路段通行时间是相互独立的模糊变量,故可采用公理 3 和公理 4 计算路径通行时间的可能性。例如,如图 2-4 所示,对于时空路径 $a_0 \to b_1 \to c_4$,在 t_0 时刻从节点 a 出发,于 t_4 时刻到达节点 c 的可能性需要由路段 (a_0,b_1) 和 (b_1,c_4) 存在的可能性共同决定,即 $\mu(a_0 \to b_1 \to c_4) = \mu(a_0 b_1) \wedge \mu(b_1 c_4) = 0.8 \wedge 0.6 = 0.6$。此外,在 t_0 时刻从节点 a 出发,于 t_6 时刻到达节点 c 有 $a_0 \to b_1 \to c_6$ 和 $a_0 \to b_2 \to c_6$ 两条时空路径。根据公理 3,计算在 t_0 时刻从节点 a 出发,于 t_6 时刻到达节点 c 的可能性为

$$(\mu(a_0 b_1) \wedge \mu(b_1 c_6)) \vee (\mu(a_0 b_2) \wedge \mu(b_2 c_6)) = 0.8 \vee 1.0 = 1.0$$

下面给出该动态模糊网络的数学描述。令 $G = (V, A, T, \text{Pos})$ 是一个有向图,其中 V 表示节点集合,A 表示路段集合,T 表示时间区段,且时间区段 T 被离散为一系列的时间戳,构成时间集合 $T = \{t_0 + n\delta \mid n = 0, 1, \cdots, M\}$,$\delta$ 表示很小的时间增量,且在这个时间增量内路段通行时间的分布函数不会发生变化。在时间区段 T 内,路段通行时间为离散模糊变量且其

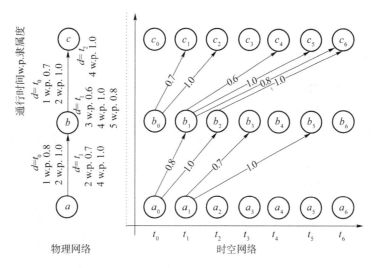

图 2-4 动态模糊交通网络示例

可能性分布函数随时间而动态变化。假设在出发时刻 $t,t\in T$,路段 $(i,j)\in A$ 的通行时间为 $\tau_{i,j}^k(t)$ 的可能性是 $\mu_{i,j}^k(t),k=1,2,\cdots,K_{i,j}(t)$,其中 $K_{i,j}(t)$ 表示在出发时刻 t 通过路段 (i,j) 的可能通行时间的数量。同时,路段通行时间 $\tau_{i,j}^k(t)$ 发生的可能性满足以下关系式:

$$\sup_{k\in\{1,2,\cdots,K_{i,j}(t)\}} \mu_{i,j}^k(t)=1, \forall t\in T$$

2.3 动态模糊最优路径的三种支配准则

由于路段通行时间的动态性及模糊性,很难确定一条路径在某一出发时刻或一个时间区段内的通行时间最短。因此,本章拟采用求解多目标规划问题帕累托最优解(Pareto Optimality)的思想来评价动态模糊路网中路径的优劣。一般的多目标规划问题可描述为[128]

$$\min f(x)=(f_1(x),f_2(x),\cdots,f_Q(x))$$
$$\text{s.t.}\begin{cases} g_i(x)\leqslant 0,i=1,2,\cdots,I \\ h_r(x)=0,r=1,2,\cdots,R \end{cases}$$

其中 x 为 n 维决策向量,记可行域为

$$X=\{x\in\mathbb{R}^n\mid g_i(x)\leqslant 0,i=1,2,\cdots,I,h_r(x)=0,r=1,2,\cdots,R\}$$

多目标规划问题中通常不存在能使得所有目标函数同时得到优化的最优解,即绝对最优解。换言之,若可行解 x 是某些目标函数的最优解,但 x 不是其余目标函数的最优解,通常称 x 为有效解(或帕累托最优解)。对于有效解 x,不存在可行解 x' 满足以下条件:

(1) $f_q(x')\leqslant f_q(x),q=1,2,\cdots,Q$;

（2）$\exists q_0$，使 $f_{q_0}(x') < f_{q_0}(x)$。

2.3.1 确定性支配准则

首先以通行时间为指标来评价路径的优劣。假设路径 1 和路径 2 在时刻 t 的通行时间为两个模糊变量 ξ_1^t 和 ξ_2^t，并且隶属函数分别为 $\mu_1^t(x)$ 和 $\mu_2^t(x)$，可信性分布函数为 $\Phi_1^t(x)$ 和 $\Phi_2^t(x)$，x 表示路径通行时间变量。在出发时刻 t，若路径 1 的通行时间不大于路径 2 所有可能的通行时间，并且路径 1 至少有一个通行时间小于路径 2 的任意可能的通行时间，则称在 t 时刻路径 1 确定性支配路径 2。

图 2-5 分别给出了 t 时刻路径 1 和路径 2 通行时间的隶属函数和可信性分布函数。如图 2-5 所示，路径 1 的最大可能通行时间为 b，路径 2 的最小可能通行时间为 c。显然 $b<c$，则路径 1 确定性支配路径 2，称路径 1 为非支配路径，路径 2 为被支配路径。若这两条路径的通行时间均有可能比对方小，则这两条路径均为非支配路径。下面给出确定性支配准则的定义。

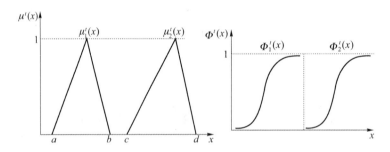

图 2-5 路径 1 和 2 通行时间的隶属函数（左）和可信性分布函数（右）

定义 2.11 对于给定出发时刻 t，确定性支配准则的数学描述为：若
$$\xi_1^{t,\max} \leqslant \xi_2^{t,\min}$$
则路径 1 确定性支配路径 2，其中 $\xi_1^{t,\max}$ 和 $\xi_2^{t,\min}$ 分别是路径 1 和路径 2 在出发时刻 t 的最大和最小的通行时间。这里假设路径 1 和路径 2 均具有两个及以上可能的通行时间。

通常情况下，需要在一个时间区段内比较路径。例如，若需要在上午 8：00 至 8：30 这个时间区段内寻找通行时间最短的路径，可将这个时间区段划分为多个时间区间。如果将寻找每个区间的最短路径看作是一个目标，则在具有多个时间区间的动态模糊交通路网中寻找非支配路径等价于寻找多目标规划问题的帕累托最优解。因此，若存在某条路径的最大可能通行时间在某一时间区间不小于其余路径的最小可能通行时间，并且至少存在一个时间区间该路径的最大可能通行时间小于其余路径的最小可能通行时间，则该路径为非支配路径。下面把在单个时间区间的确定性支配准则扩展到具有多个时间区间的时间区段 T。

定义 2.12 动态模糊交通路网中，在时间区段 T，若不存在路径 2 满足以下条件：

$$\xi_2^{t,\max} \leqslant \xi_1^{t,\min}, \forall t \in T$$
$$\xi_2^{t,\max} < \xi_1^{t,\min}, \exists t \in T$$

则称路径 1 为非支配路径；否则，路径 1 为被支配路径。

通过上述定义可知，在给定 OD 对之间，若存在一条被支配路径，则必定会存在至少一条非支配路径。确定性支配准则保证每条非支配路径至少在一个时间区间内比其他非支配路径的通行时间短。

2.3.2 一阶模糊支配准则

确定性支配准则通过简单比较最大最小通行时间来确定非支配路径。在动态随机路网中，Miller-Hooks[19]通过比较路径通行时间的概率分布函数提出了一阶随机支配准则。鉴于模糊变量的可信性分布与随机变量的概率分布具有类似的函数曲线，本小节拟基于可信性分布函数评价动态模糊路网中路径的优劣。

为了直观地理解该准则，图 2-6 给出路径 1 和路径 2 的可信性分布函数。由图可知，可信性分布函数是关于路径通行时间的非减函数，并且在出发时刻 t，对于 $\forall x$，有 $\Phi_1^t(x) \geqslant \Phi_2^t(x)$，且 $\exists x$ 使 $\Phi_1^t(x) > \Phi_2^t(x)$，称路径 1 一阶模糊支配路径 2。据此，给出在某一出发时刻 t，如何通过比较路径的可信性分布函数判断路径的优劣，即为一阶模糊支配准则。

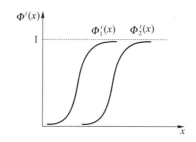

图 2-6　在 t 时刻路径 1 一阶模糊支配路径 2 的可信性分布函数

定义 2.13　对于给定出发时刻 t，路径 1 一阶模糊支配路径 2 的准则定义为

若
$$\Phi_1^t(x) \geqslant \Phi_2^t(x), \forall x$$
$$\Phi_1^t(x) > \Phi_2^t(x), \exists x$$

则路径 1 在时刻 t 一阶模糊支配路径 2。

与定义 2.11 中提出的确定性支配准则不同，一阶模糊支配准则是基于比较路径通行时间的全部信息（即可信性分布函数）而建立的。并且一阶模糊支配准则的条件比确定性支配准则相对较弱，因此通过前者所得到的非支配路径的集合是后者所得到集合的子集。

同样地，将时间区段 T 离散为多个时间区间，当且仅当路径 1 至少在一个时间区间支路径 2,且在任意时间区间内不被任何路径支配,则路径 1 在时间区段 T 支配路径 2。下面基于一阶模糊支配准则给出考虑多个时间区间的非支配路径的比较方法。

定义 2.14 在时间区段 T,若不存在路径 2 满足:

$$\Phi_2^t(x) \geqslant \Phi_1^t(x), \forall x, \forall t \in T$$

$$\Phi_2^t(x) > \Phi_1^t(x), \exists x, \exists t \in T$$

则路径 1 是一阶模糊支配准则下的非支配路径;否则,路径 1 是被支配路径。

2.3.3 模糊期望支配准则

模糊期望值支配准则是本章提出的评价动态模糊路网环境下路径优劣的第三个准则。该准则通过比较各路径模糊通行时间的期望值评价路径优劣,下面给出该准则的定义。

定义 2.15 对于给定出发时刻 t,假设路径 1 和路径 2 的模糊通行时间期望值分别为 $E(\xi_1)_t$ 和 $E(\xi_2)_t$,若

$$E(\xi_1)_t < E(\xi_2)_t$$

则称路径 1 在 t 时刻期望支配路径 2。

类似地,给出在时间区段 T 基于模糊期望支配准则如何寻找非支配路径。

定义 2.16 在时间区段 T,若不存在路径 2 满足:

$$E(\xi_2)_t \leqslant E(\xi_1)_t, \forall t \in T$$

$$E(\xi_2)_t < E(\xi_1)_t, \exists t \in T$$

则路径 1 是模糊期望值准则下的非支配路径;否则,路径 1 是被支配路径。

通常情况下,可以用两种方法计算路径通行时间的期望值。一种需要首先找到该路网所有可能的最短路径,然后计算这些最短路径通行时间的期望值,称为期望最小通行时间(Expected Least Travel Time)。另一种计算路段通行时间期望值的方法称为最小期望通行时间(Least Expected Travel Time),即首先计算出每条路段通行时间的期望值,然后利用标号设定法或标号修正法来找到最小期望通行时间的路径。

下面通过一个简单示例说明这两种方法的不同。图 2-7 给出一个具有三个节点和三条路段的网络,其中路段通行时间是离散模糊变量。表 2-1 给出了路径 1→2→3 和 1→3 所有可能的通行时间及隶属度,并得到所有可能的最短路径及其隶属度(表 2-1 第 9 列)。从表 2-1 第 9 列可看出,共有三个不同的通行时间,即 4、5、6,对应的隶属度分别为 0.7、1.0、0.8。根据模糊变量的期望值计算公式(2-1),从节点 1 到节点 3 的期望最短通行时间为 5.05 单位。然而,若首先计算路段通行时间的期望值(如图 2-8 所示),则最小期望通行时间为 5.45 单位。显然,期望最小通行时间 5.05 并不是对应于某一条路径,而最小期望时间通过比较各路径通行时间的期望值而得到的,所以其对应于某一条路径的期望通行时间 5.45,

即路径 1→2→3。因此,在模糊期望支配准则中,通过比较最小期望通行时间得到非支配路径。

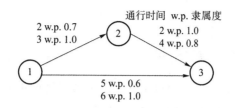

图 2-7 简单的模糊网络

表 2-1 路径 1→2→3 和 1→3 可能的通行时间及其隶属度

路段(1,2)		路段(2,3)		路径 1→2→3		路径 1→3		最短路径	
时间	隶属度	时间	隶属度	时间	隶属度	时间	隶属度	时间	隶属度
2	0.7	2	1.0	4	0.7	5	0.6	4	0.6
3	1.0	2	1.0	5	1.0	5	0.6	5	0.6
2	0.7	4	0.8	6	0.7	5	0.6	5	0.6
3	1.0	4	0.8	7	0.8	5	0.6	5	0.6
2	0.7	2	1.0	4	0.7	6	1.0	4	0.7
3	1.0	2	1.0	5	1.0	6	1.0	5	1.0
2	0.7	4	0.8	6	0.7	6	1.0	6	0.7
3	1.0	4	0.8	7	0.8	6	1.0	6	0.8

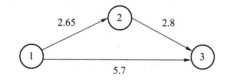

图 2-8 期望路段通行时间

上述定义的确定性支配准则、一阶模糊支配准则及模糊期望支配准则之间是相互联系的。从定义可知,这三个准则的条件是依次减弱的,从而得到的非支配路径的数量依次减少,因此确定性支配准则包含一阶模糊支配准则,一阶模糊支配准则包含模糊期望支配准则。

命题 2.1 上述三个支配准则的关系可以描述为

确定性支配准则 ⇒ 一阶模糊支配准则 ⇒ 模糊期望支配准则

证明:首先证明仅具有一个出发时刻 t 时三个支配准则之间的关系。假设两个非负模糊变量 ξ_1^t 和 ξ_2^t 分别表示路径 1 和路径 2 的通行时间。若路径 1 在出发时刻 t 确定性支配路径 2,则有 $\xi_1^{t,\max} \leqslant \xi_2^{t,\min}$,意味着分布函数 $\Phi_1^t(x) \geqslant \Phi_2^t(x)$,$\forall x$,并且存在某一个 x,使得 $\Phi_1^t(x) > \Phi_2^t(x)$,则有一阶模糊支配准则成立。另外,若路径 1 一阶模糊支配路径 2,根据定义 2.8 对

模糊变量期望值的定义

$$E[\xi] = \int_0^{+\infty} \mathrm{Cr}\{\xi \geqslant r\} \mathrm{d}r - \int_{-\infty}^{0} \mathrm{Cr}\{\xi \leqslant r\} \mathrm{d}r$$

则有

$$E(\xi_1^t) = \int_0^{+\infty} (1 - \Phi_1^t(x)) \mathrm{d}x \leqslant \int_0^{+\infty} (1 - \Phi_2^t(x)) \mathrm{d}x = E(\xi_2^t), \forall x$$

并且存在某一个 x 使得 $E(\xi_1)_t < E(\xi_2)_t$，则有模糊期望支配准则成立。同理，可以推导出在时间区段 T 内，这三个支配准则仍然满足上述关系。

2.4 算 例

本节将给出算例说明在动态模糊网络中如何通过上述提出的三个准则在一个时间区段内寻找非支配路径。图 2-9 为一个简单网络，节点 a 与 d 之间存在三条路径 $a \rightarrow b \rightarrow d$、$a \rightarrow c \rightarrow d$ 和 $a \rightarrow d$。假设考虑的时间区段是上午 8:01 至 8:10，以 1 分钟为时间增量，把时间离散为 10 个时间戳，即 8:01、8:02、8:03、8:04、8:05、8:06、8:07、8:08、8:09、8:10。表 2-2 给出了该时间区段内各路段对应的动态模糊时间及其可能性。假设从初始节点 a 出发，共考虑五个出发时刻（8:01,8:02,8:03,8:04,8:05）以分析前文中提出的三个支配准则。

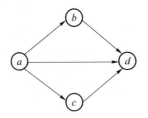

图 2-9 简单网络

在表 2-2 中，t 表示当前节点的出发时刻，$x(\mu)$ 表示路段通行时间为 x 时的可能性为 μ。例如，当出发时刻为 $t = 8:01$ 时，通过路段 $a \rightarrow b$ 有两个可能的通行时间，即通行时间为 2 分钟的可能性为 0.7，通行时间为 3 分钟的可能性为 1.0。根据表 2-2 给出的数据及定义 2.10，表 2-3 给出了三条路径 $a \rightarrow b \rightarrow d$、$a \rightarrow c \rightarrow d$ 和 $a \rightarrow d$ 的通行时间及对应的可能性。

表 2-2 动态模糊通行时间

	$a \rightarrow b$	$b \rightarrow d$	$a \rightarrow d$	$a \rightarrow c$	$c \rightarrow d$
$t = 8:01$ [8:01—8:02)	2(0.7) 3(1.0)	2(1.0) 4(0.6)	5(0.8) 4(1.0) 7(0.6)	3(0.8) 2(1.0)	2(0.6) 3(1.0)

续表

	$a \to b$	$b \to d$	$a \to d$	$a \to c$	$c \to d$
$t=8:02$ $[8:02-8:03)$	1(0.8) 2(1.0)	3(0.8) 1(1.0)	5(0.8) 4(1.0) 6(0.8)	2(1.0) 3(0.7)	2(0.8) 4(1.0)
$t=8:03$ $[8:03-8:04)$	3(0.7) 2(1.0)	2(1.0) 4(0.6)	6(0.8) 7(1.0)	4(1.0) 2(0.8)	2(0.6) 3(1.0)
$t=8:04$ $[8:04-8:05)$	2(1.0) 4(0.8)	1(0.6) 2(1.0)	4(0.8) 5(1.0) 7(0.7)	3(1.0) 2(0.7)	4(1.0) 3(0.7)
$t=8:05$ $[8:05-8:06)$	3(0.7) 4(1.0)	2(1.0) 3(0.8)	4(0.7) 6(1.0)	4(0.8) 3(1.0)	3(0.7) 4(1.0)
$t=8:06$ $[8:06-8:07)$	2(0.8) 1(1.0)	3(1.0) 2(0.7)	5(0.6) 4(1.0) 3(0.8)	3(0.6) 2(1.0)	3(1.0) 4(0.8)
$t=8:07$ $[8:07-8:08)$	3(1.0) 4(0.7)	2(0.8) 3(1.0)	5(0.8) 7(1.0)	4(0.6) 3(1.0)	4(1.0) 2(0.7)
$t=8:08$ $[8:08-8:09)$	2(0.8) 3(1.0)	1(1.0) 3(0.7)	4(0.6) 6(1.0) 5(0.8)	5(0.7) 3(1.0)	4(1.0) 3(0.8)
$t=8:09$ $[8:09-8:10)$	3(0.6) 2(1.0)	2(1.0) 4(0.7)	5(1.0) 4(0.6) 6(0.8)	2(1.0) 4(0.7)	4(0.7) 3(1.0)

表 2-3 不同时间区间的通行时间及对应的可能性

	$a \to b \to d$		$a \to d$		$a \to c \to d$	
$t=8:01$	ξ_1	4(0.7) 5(1.0) 6(0.6)	η_1	4(1.0) 5(0.8) 7(0.8)	γ_1	4(0.6) 5(1.0) 6(0.7)
$t=8:02$	ξ_2	3(0.8) 4(1.0) 5(0.6)	η_2	4(1.0) 5(0.7) 6(0.8)	γ_2	5(0.7) 6(1.0) 7(0.7)
$t=8:03$	ξ_3	4(1.0) 5(0.8) 6(0.7)	η_3	6(0.8) 7(1.0)	γ_3	5(0.7) 6(1.0) 7(0.7)
$t=8:04$	ξ_4	4(0.7) 5(1.0) 7(0.7)	η_4	4(0.8) 5(1.0) 7(0.7)	γ_4	5(0.7) 6(0.7) 7(1.0)
$t=8:05$	ξ_5	6(1.0) 7(0.7) 8(0.7)	η_5	4(0.7) 6(1.0)	γ_5	6(0.8) 7(1.0) 8(0.7)

1. 确定性支配准则生成的非支配路径

在第一组实验中,将利用确定性支配准则生成非支配路径。由表 2-3 数据及定义 2.11,路径 $a \to b \to d$ 在出发时刻 8:03 时支配路径 $a \to d$,而在出发时刻 8:05 时路径 $a \to d$ 支配路径 $a \to b \to d$。根据定义 2.12,这两条路径均为非支配路径。同理可知 $a \to c \to d$ 也为非支配路径。

2. 一阶模糊支配准则生成的非支配路径

第二组实验的目的是生成一阶模糊支配准则下的非支配路径。在表 2-3 中,ξ_i、η_i 和 γ_i ($i=1,2,3,4,5$)分别表示路径 $a \to b \to d$、$a \to d$ 和 $a \to c \to d$ 在出发时刻 8:01、8:02、8:03、8:04 和 8:05 的通行时间及对应的可能性。根据定义 2.5 和定义 2.6 可计算出这三条路径通行时间的可信性分布函数,如下所示。

$$\Phi_{\xi_1}(x)=\begin{cases}0 & x<4\\0.35 & 4\leq x<5\\0.7 & 5\leq x<6\\1 & x\geq 6\end{cases} \quad \Phi_{\eta_1}(x)=\begin{cases}0 & x<4\\0.6 & 4\leq x<5\\0.7 & 5\leq x<7\\1 & x\geq 7\end{cases} \quad \Phi_{\gamma_1}(x)=\begin{cases}0 & x<4\\0.3 & 4\leq x<5\\0.6 & 5\leq x<7\\1 & x\geq 7\end{cases}$$

$$\Phi_{\xi_2}(x)=\begin{cases}0 & x<3\\0.4 & 3\leq x<4\\0.7 & 4\leq x<5\\1 & x\geq 5\end{cases} \quad \Phi_{\eta_2}(x)=\begin{cases}0 & x<4\\0.6 & 4\leq x<6\\1 & x\geq 6\end{cases} \quad \Phi_{\gamma_2}(x)=\begin{cases}0 & x<5\\0.35 & 5\leq x<6\\0.65 & 6\leq x<7\\1 & x\geq 6\end{cases}$$

$$\Phi_{\xi_3}(x)=\begin{cases}0 & x<4\\0.6 & 4\leq x<5\\0.65 & 5\leq x<6\\1 & x\geq 6\end{cases} \quad \Phi_{\eta_3}(x)=\begin{cases}0 & x<6\\0.4 & 6\leq x<7\\1 & x\geq 7\end{cases} \quad \Phi_{\gamma_3}(x)=\begin{cases}0 & x<5\\0.35 & 5\leq x<6\\0.65 & 6\leq x<7\\1 & x\geq 7\end{cases}$$

$$\Phi_{\xi_4}(x)=\begin{cases}0 & x<4\\0.35 & 4\leq x<5\\0.65 & 5\leq x<7\\1 & x\geq 7\end{cases} \quad \Phi_{\eta_4}(x)=\begin{cases}0 & x<4\\0.4 & 4\leq x<5\\0.85 & 5\leq x<7\\1 & x\geq 7\end{cases} \quad \Phi_{\gamma_4}(x)=\begin{cases}0 & x<5\\0.35 & 5\leq x<7\\1 & x\geq 7\end{cases}$$

$$\Phi_{\xi_5}(x)=\begin{cases}0 & x<6\\0.65 & 6\leq x<8\\1 & x\geq 8\end{cases} \quad \Phi_{\eta_5}(x)=\begin{cases}0 & x<4\\0.35 & 4\leq x<6\\1 & x\geq 6\end{cases} \quad \Phi_{\gamma_5}(x)=\begin{cases}0 & x<6\\0.4 & 6\leq x<7\\0.65 & 7\leq x<8\\1 & x\geq 8\end{cases}$$

根据定义 2.13,在出发时刻 8:01、8:02、8:03、8:04 及 8:05,路径 $a \to b \to d$ 均支配路径 $a \to c \to d$,因此路径 $a \to c \to d$ 为被支配路径。另外,在出发时刻 8:02 和 8:03,路径 $a \to b \to d$

支配路径 $a \to d$，而在出发时刻 8:04 和 8:05，路径 $a \to d$ 支配路径 $a \to b \to d$，因此这两条路径均为非支配路径。

3. 模糊期望支配准则生成的非支配路径

第三组实验的目的是要讨论如何在模糊期望支配准则下生成非支配路径。根据定义 2.8，路径 $a \to b \to d$，$a \to d$ 和 $a \to c \to d$ 在不同出发时刻的期望值为：$E(\xi_1)=4.95$，$E(\eta_1)=4.70$，$E(\gamma_1)=5.50$；$E(\xi_2)=3.90$，$E(\eta_2)=4.80$，$E(\gamma_2)=6.00$；$E(\xi_3)=4.75$，$E(\eta_3)=6.60$，$E(\gamma_3)=6.00$；$E(\xi_4)=5.35$，$E(\eta_4)=5.30$，$E(\gamma_4)=6.30$；$E(\xi_5)=6.70$，$E(\eta_5)=5.30$，$E(\gamma_5)=6.95$。

通过计算结果可知，路径 $a \to b \to d$ 的期望值在所有出发时刻下均小于路径 $a \to c \to d$ 的期望值，因此 $a \to b \to d$ 期望支配 $a \to c \to d$。对于路径 $a \to b \to d$ 和 $a \to d$，在出发时刻 8:01 和 8:02 时，路径 $a \to b \to d$ 的期望值小于路径 $a \to d$ 的期望值，然而在其他出发时刻路径 $a \to d$ 的期望值较小，因此这两条路径均为非支配路径。

在上述算例中，确定性支配准则所生成的非支配路径为路径 $a \to b \to d$、$a \to d$ 和 $a \to c \to d$，由一阶模糊支配准则和模糊期望支配准则生成的非支配路径为 $a \to b \to d$ 和 $a \to d$。这一结果验证了命题 2.1 所提出的这三者之间的包含关系。

2.5 本章小结

为体现路段通行时间的动态性和模糊性，本章首先定义了动态模糊网络，其中路段通行时间为离散模糊变量且其分布函数随时间而动态变化。其次，探讨了如何在动态模糊交通网络中寻找非支配路径。根据可能性分布及可信性测度相关理论，分别提出了在某一出发时刻和某一时间区段（即多个出发时刻）三种比较路径的标准，即确定性支配准则、一阶模糊支配准则及模糊期望支配准则。再次，讨论了这三个准则之间的关系，即确定性支配准则包含一阶模糊支配准则，一阶模糊支配准则包含模糊期望支配准则。最后，通过简单算例说明三种支配准则下如何求解非支配路径并验证了这三者之间的包含关系。

第 3 章 动态模糊网络期望时间最短路径的求解方法

第 2 章讨论了动态模糊交通路网中最优路径的三类评价准则。本章拟基于第 2 章提出的模糊期望支配准则,探讨动态模糊交通路网中期望时间最短路径的求解方法。在动态随机交通路网中,以期望通行时间最短为目标[129-131]求得最优路径的有效算法包括基于动态规划的算法[40]、改进的标号设定算法和标号修正算法[20]等。然而,由于模糊变量与随机变量的运算法则不同,因此求解动态随机路网中期望通行时间最短路径的算法不能有效求解动态模糊路网中期望时间最短路径。

3.1 动态模糊交通网络中期望时间最短路径

3.1.1 问题描述

一般来说,在求解静态模糊网络的期望时间最短路径问题时,可首先求出各路段模糊通行时间的期望值,然后求解一个等价的最短路问题(Zheng 和 Liu[132])。然而在动态模糊网络中,由于路段通行时间随时间动态变化,因此不能通过求解路段通行时间期望值的方式搜索期望时间最短路径。换言之,在动态模糊网络中,路径通行时间期望值的计算需要考虑到达各节点的时刻,而不能仅简单计算各路段模糊通行时间的期望值。

下面以第 2 章中图 2-4 给出的动态模糊网络为例说明路径通行时间期望值的计算方法。首先,通过考虑到达节点的时刻,计算从 t_0 时刻出发路径 $a \rightarrow b \rightarrow c$ 的期望通行时间。若出行者在 t_0 时刻从节点 a 出发,则到达节点 b 的时刻可能是 t_1 或者 t_2。由时空网络图可知,当到达节点 b 的时刻为 t_1 时,路径 $a \rightarrow b \rightarrow c$ 的通行时间为 4 的可能性是 0.6,通行时间为 5 的可能性是 0.8,通行时间为 6 的可能性是 1.0。通过期望值权重公式(2-2)可知,通行时间为 4、5 和 6 的权重系数分别为 0.3、0.1 和 0.6,进而得到路径 $a \rightarrow b \rightarrow c$ 通行时间的期望值为 5.3。

其次,若通过对各路段通行时间的期望值求和得到路径 $a \rightarrow b \rightarrow c$ 通行时间的期望值,则可得到以下结果。在 t_0 时刻路段 $a \rightarrow b$ 通行时间的期望值为 1.6。在 t_1 时刻路段 $b \rightarrow c$ 通行时间的期望值为 4.1，t_2 时刻该路段通行时间的期望值为 4.0。若将这两条路段通行时间的期望值相加，则路径 $a \rightarrow b \rightarrow c$ 通行时间的期望值为 5.7 或者 5.6。而考虑到达节点 b 的时刻，该路径的期望值为 5.3。因此，在动态模糊网络中，求解路径通行时间的期望值需考虑到达各节点的时刻。

此外，文献中改进的标号修正算法和标号设定算法可用来求解动态随机网络中期望时间最短路径(Miller-Hooks[20])，但由于可能性测度的非可加性，这两种算法不能求解动态模糊网络中期望时间最短路径，故在动态模糊网络中，期望时间最短路径不能用标号修正算法或者标号设定算法求解。具体地，在动态模糊网络中，两条及以上潜在路段同时存在的可能性用取小算子计算；若某条路径具有两个及以上的通行时间，且各通行时间存在的可能性不同，则取最大值表示该路径通行时间的可能性。然而，在动态随机网络中采用乘法和加法算子计算路径通行时间的概率。

通过上述分析，本章拟构建求解动态模糊网络中某一 OD 间期望时间最短路径的数学优化模型，并设计有效求解算法。与第 2 章相同，首先将时间区段 T 离散为一系列时间戳 $T=\{t_0,t_1,\cdots,t_M\}$。为了找到一条稳健最优路径，本章考虑从起点出发的一个时间窗 D，$D \subset T$（多个出发时刻集合），即在这一出发时间窗内找到期望时间最短路径。下面给出建模过程中所涉及的参数和变量。

- V：节点集合。
- A：路段集合。
- r：起点。
- s：终点。
- i,j：节点。
- (i,j)：有向弧。
- OD：交通网络中的起点-终点对。
- c：OD 对 rs 间的某条路径。
- χ：OD 对 rs 间的路径集合，$c \in \chi$。
- t：从起点的某一出发时刻。
- D：从起点出发时刻集合，$t \in D$。
- c_{rj}：路径 c 上从起点 r 到中间节点 j 的子路径，且 $c_{rj}=c_{ri} \cup (i,j)$。
- $G_{c_{rj}}(t)$：出发时刻 t 路径 c_{rj} 可能通行时间的数量。
- $\Lambda_{c_{rj}}(t)$：出发时刻 t 路径 c_{rj} 可能通行时间集合 $\Lambda_{c_{rj}}(t)=\{\lambda_{c_{rj}}^1(t),\lambda_{c_{rj}}^2(t),\cdots,\lambda_{c_{rj}}^{G_{c_{rj}}(t)}(t)\}$。
- $\text{Pos}_{c_{rj}}(t)$：出发时刻 t 路径 c_{rj} 通行时间的可能性集合 $\text{Pos}_{c_{rj}}(t)=\{\mu_{c_{rj}}^1(t),\mu_{c_{rj}}^2(t),\cdots,$

$\mu_{c_{rj}}^{G_{c_{rj}}(t)}(t)\}$。

- $\lambda_{c_{ri}}^{g}(t)$：路径 c_{ri} 在出发时刻 t 时第 g 个可能通行时间，$g \in \{1,2,\cdots,G_{c_{ri}}(t)\}$。
- $\mu_{c_{ri}}^{g}(t)$：通行时间 $\lambda_{c_{ri}}^{g}(t)$ 对应的可能性。
- K_g：路段 (i,j) 可能通行时间的数量。
- $\tau_{i,j}^{k}(t+\lambda_{c_{ri}}^{g}(t))$：路段 (i,j) 在时刻 $t+\lambda_{c_{ri}}^{g}(t)$ 的第 k 个可能通行时间，$k \in \{1,2,\cdots,K_g\}$。
- $\mu_{i,j}^{k}(t+\lambda_{c_{ri}}^{g}(t))$：通行时间 $\tau_{i,j}^{k}(t+\lambda_{c_{ri}}^{g}(t))$ 对应的可能性。

3.1.2 求解方法

本章目的是在动态模糊路网中寻找一个出发时间窗内期望时间最短路径。为简便起见，首先给出在出发时刻为 t 时路径 c 通行时间期望值的具体计算步骤。假设路径 c 在出发时刻 t 的可能通行时间集合 $\Lambda_c(t)$ 是离散模糊变量，其中各通行时间的可能性集合为 $\mathrm{Pos}_c(t)$。

步骤 1：计算路径 c 在 t 时刻的可能通行时间 $\Lambda_c(t)$ 及对应的可能性 $\mathrm{Pos}_c(t)$。值得注意的是，$\Lambda_c(t)$ 和 $\mathrm{Pos}_c(t)$ 根据式(3-1)逐步计算得到。若路径具有两个及以上相同的通行时间，但对应的可能性不同，则取最大的可能性作为该路径通行时间的可能性。例如，若 $\lambda_{c_{rj}}^{a}(t) = \lambda_{c_{rj}}^{b}(t)$，则该路径通行时间的可能性为 $\mu_{c_{rj}}^{a}(t) \vee \mu_{c_{rj}}^{b}(t)$，$a,b \in \{1,2,\cdots,G_{c_{rj}}(t)\}$。

$$\Lambda_{c_{rj}}(t) = \begin{cases} \lambda_{c_{ri}}^{1}(t) + \begin{cases} \tau_{i,j}^{1}(t+\lambda_{c_{ri}}^{1}(t)) \\ \tau_{i,j}^{2}(t+\lambda_{c_{ri}}^{1}(t)) \\ \vdots \\ \tau_{i,j}^{K_1}(t+\lambda_{c_{ri}}^{1}(t)) \end{cases} \\ \lambda_{c_{ri}}^{2}(t) + \begin{cases} \tau_{i,j}^{1}(t+\lambda_{c_{ri}}^{2}(t)) \\ \tau_{i,j}^{2}(t+\lambda_{c_{ri}}^{2}(t)) \\ \vdots \\ \tau_{i,j}^{K_2}(t+\lambda_{c_{ri}}^{2}(t)) \end{cases} \\ \vdots \\ \lambda_{c_{ri}}^{G_{c_{ri}}(t)}(t) + \begin{cases} \tau_{i,j}^{1}(t+\lambda_{c_{ri}}^{G_{c_{ri}}(t)}(t)) \\ \tau_{i,j}^{2}(t+\lambda_{c_{ri}}^{G_{c_{ri}}(t)}(t)) \\ \vdots \\ \tau_{i,j}^{K_1}(t+\lambda_{c_{ri}}^{G_{c_{ri}}(t)}(t)) \end{cases} \end{cases} \quad \mathrm{Pos}_{c_{rj}}(t) = \begin{cases} \mu_{c_{ri}}^{1}(t) \wedge \begin{cases} \mu_{i,j}^{1}(t+\lambda_{c_{ri}}^{1}(t)) \\ \mu_{i,j}^{2}(t+\lambda_{c_{ri}}^{1}(t)) \\ \vdots \\ \mu_{i,j}^{K_1}(t+\lambda_{c_{ri}}^{1}(t)) \end{cases} \\ \mu_{c_{ri}}^{2}(t) + \begin{cases} \mu_{i,j}^{1}(t+\lambda_{c_{ri}}^{2}(t)) \\ \mu_{i,j}^{2}(t+\lambda_{c_{ri}}^{2}(t)) \\ \vdots \\ \mu_{i,j}^{K_2}(t+\lambda_{c_{ri}}^{2}(t)) \end{cases} \\ \vdots \\ \mu_{c_{ri}}^{G_{c_{ri}}(t)}(t) + \begin{cases} \mu_{i,j}^{1}(t+\lambda_{c_{ri}}^{G_{c_{ri}}(t)}(t)) \\ \mu_{i,j}^{2}(t+\lambda_{c_{ri}}^{G_{c_{ri}}(t)}(t)) \\ \vdots \\ \mu_{i,j}^{K_{Q_{c_{ri}}(t)}}(t+\lambda_{c_{ri}}^{G_{c_{ri}}(t)}(t)) \end{cases} \end{cases}$$

(3-1)

步骤 2：根据离散模糊变量权重系数的计算公式(2-2)求解 $\lambda_c^g(t)$ 的权重系数 ω_c^g；

$$\omega_c^1(t) = \frac{1}{2}(\mu_c^1(t) + \max_{1\leqslant d\leqslant G_c(t)} \mu_c^d(t) - \max_{1<d\leqslant G_c(t)} \mu_c^d(t))$$

$$\omega_c^g(t) = \frac{1}{2}(\max_{1\leqslant d<g} \mu_c^d(t) - \max_{1\leqslant d<g} \mu_c^d(t) + \max_{g\leqslant d\leqslant G_c(t)} \mu_c^d(t) - \max_{g<d\leqslant G_c(t)} \mu_c^d(t)), 2\leqslant g\leqslant G_c(t)$$

$$\omega_c^{G_c(t)}(t) = \frac{1}{2}(\max_{1\leqslant d\leqslant G_c(t)} \mu_c^d(t) - \max_{1\leqslant d<G_c(t)} \mu_c^d(t) + \mu_c^{G_c(t)}(t)) \tag{3-2}$$

步骤3：计算路径 c 在时刻 t 出发的期望值：

$$E[\xi_c(t)] = \sum_{g=1}^{G_c(t)} \omega_c^g(t) \cdot \lambda_c^g, t \in D \tag{3-3}$$

显然，上文仅考虑了在某一出发时刻期望时间最短路径的计算方法，而本章拟在包括多个出发时刻的时间窗内寻找期望时间最短路径。若将寻找每个出发时刻的期望时间最短路径看作一个目标，则该问题本质上是寻找帕累托最优解的多目标决策问题[133]。第2章已讨论了如何在包括多个出发时刻的时间区段内利用模糊期望支配准则求解非支配路径。然而，由于非支配路径的数量会随着网络规模的增大呈指数增长[19]，因此本章采用线性加权方法将该多目标决策问题处理为如下单目标决策问题：

$$f(c) = \frac{1}{|D|} \sum_{t \in D} E[\xi_c(t)] \tag{3-4}$$

其中，$f(c)$ 是路径 c 在所有可能出发时刻的平均期望通行时间。下面用示例来说明在一个时间窗内，动态模糊路网中路径通行时间期望值的计算过程。

图3-1所示为一个具有9个节点和14条路段的简单网络。下面以路径 $c:1\rightarrow 3\rightarrow 7\rightarrow 9$ 为例说明路径通行时间期望值的计算过程。为此，图3-2给出了该路径的物理网络以及时间增量为 $\delta=1$ 的时空网络。

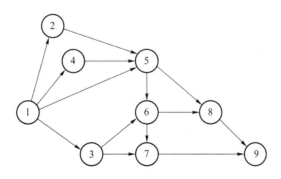

图3-1 一个9节点网络示例图

不失一般性，设节点1为初始节点，$\{t_0, t_1\}$ 为可能的出发时刻，下面将逐步计算该条路径的期望通行时间及对应的可能性：

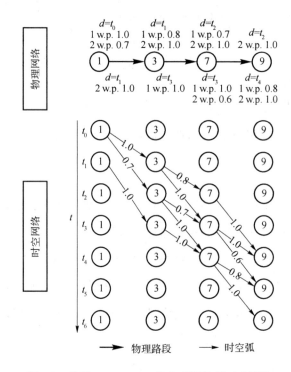

图 3-2 路径 1→3→7→9 的物理网络及时空网络

$$\Lambda_{c_{17}}(t_0) = \begin{cases} \lambda_{c_{13}}^1(t_0) + \begin{cases} \tau_{3,7}^1(t_0 + \lambda_{c_{13}}^1(t_0)) = 1 + 1 = \lambda_{c_{17}}^1(t_0) = 2 \\ \tau_{3,7}^2(t_0 + \lambda_{c_{13}}^1(t_0)) = 1 + 2 = \lambda_{c_{17}}^2(t_0) = 3 \end{cases} \\ \lambda_{c_{13}}^2(t_0) + \begin{cases} \tau_{3,7}^1(t_0 + \lambda_{c_{13}}^2(t_0)) = 2 + 1 = \lambda_{c_{17}}^3(t_0) = 3 \\ \tau_{3,7}^2(t_0 + \lambda_{c_{13}}^2(t_0)) = 2 + 2 = \lambda_{c_{17}}^4(t_0) = 4 \end{cases} \end{cases}$$

$$\mathrm{Pos}_{c_{17}}(t_0) = \begin{cases} \mu_{c_{13}}^1(t_0) \wedge \begin{cases} \mu_{3,7}^1(t_0 + \lambda_{c_{13}}^1(t_0)) = 1.0 \wedge 0.8 = \mu_{c_{17}}^1(t_0) = 0.8 \\ \mu_{3,7}^2(t_0 + \lambda_{c_{13}}^1(t_0)) = 1.0 \wedge 1.0 = \mu_{c_{17}}^2(t_0) = 1.0 \end{cases} \\ \mu_{c_{13}}^2(t_0) \wedge \begin{cases} \mu_{3,7}^1(t_0 + \lambda_{c_{13}}^2(t_0)) = 0.7 \wedge 0.7 = \mu_{c_{17}}^3(t_0) = 0.7 \\ \mu_{3,7}^2(t_0 + \lambda_{c_{13}}^2(t_0)) = 0.7 \wedge 1.0 = \mu_{c_{17}}^4(t_0) = 0.7 \end{cases} \end{cases}$$

由于 $\lambda_{c_{17}}^2(t_0) = \lambda_{c_{17}}^3(t_0) = 3$,则 $\mathrm{Pos}\{\lambda_{c_{17}}(t_0) = 3\} = \mu_{c_{17}}^2(t_0) \vee \mu_{c_{17}}^3(t_0) = 1.0 \vee 0.7 = 1.0$,$\Lambda_{c_{17}}(t_0) = \{2,3,4\}$,$\mathrm{Pos}_{c_{17}}(t_0) = \{0.8,1.0,0.7\}$。

类似地,

$$\Lambda_{c_{17}}(t_1) = \lambda_{c_{13}}^1(t_1) + \tau_{3,7}^1(t_1 + \lambda_{c_{13}}^1(t_1)) = 2 + 1 = 3$$

$$\mathrm{Pos}_{c_{17}}(t_1) = \mathrm{Pos}_{c_{13}}^1(t_1) \wedge \mu_{3,7}^1(t_1 + \lambda_{c_{13}}^1(t_1)) = 1.0 \wedge 1.0 = 1.0$$

$$\Lambda_{c_{19}}(t_0) = \begin{cases} \lambda_{c_{17}}^1(t_0) + \tau_{7,9}^1(t_0 + \lambda_{c_{17}}^1(t_0)) = 2 + 2 = 4 \\ \lambda_{c_{17}}^2(t_0) + \begin{cases} \tau_{7,9}^1(t_0 + \lambda_{c_{17}}^2(t_0)) = 3 + 1 = 4 \\ \tau_{7,9}^2(t_0 + \lambda_{c_{17}}^2(t_0)) = 3 + 2 = 5 \end{cases} \\ \lambda_{c_{17}}^3(t_0) + \begin{cases} \tau_{7,9}^1(t_0 + \lambda_{c_{17}}^3(t_0)) = 4 + 1 = 5 \\ \tau_{7,9}^2(t_0 + \lambda_{c_{17}}^3(t_0)) = 4 + 2 = 6 \end{cases} \end{cases}$$

$$\mathrm{Pos}_{c_{19}}(t_0) = \begin{cases} \mu_{c_{17}}^1(t_0) \wedge \mu_{7,9}^1(t_0 + \lambda_{c_{17}}^1(t_0)) = 0.8 \wedge 1.0 = 0.8 \\ \mu_{c_{17}}^2(t_0) \wedge \begin{cases} \mu_{7,9}^1(t_0 + \lambda_{c_{17}}^2(t_0)) = 1.0 \wedge 1.0 = 1.0 \\ \mu_{7,9}^2(t_0 + \lambda_{c_{17}}^2(t_0)) = 1.0 \wedge 0.6 = 0.6 \end{cases} \\ \mu_{c_{17}}^3(t_0) \wedge \begin{cases} \mu_{7,9}^1(t_0 + \lambda_{c_{17}}^3(t_0)) = 0.7 \wedge 0.8 = 0.7 \\ \mu_{7,9}^2(t_0 + \lambda_{c_{17}}^3(t_0)) = 0.7 \wedge 1.0 = 0.7 \end{cases} \end{cases}$$

需要注意的是,节点9是路径 1→3→7→9 的终点,因此 c_{19} 即为路径 c,则有 $\Lambda_c(t_0) = \{4, 5, 6\}$,$\mathrm{Pos}_c(t_0) = \{1.0, 0.7, 0.7\}$。

$$\Lambda_c(t_1) = \lambda_{c_{17}}^1(t_1) + \begin{cases} \tau_{7,9}^1(t_1 + \lambda_{c_{17}}^2(t_1)) = 3 + 1 = 4 \\ \tau_{7,9}^2(t_1 + \lambda_{c_{17}}^2(t_1)) = 3 + 2 = 5 \end{cases}$$

$$\mathrm{Pos}_c(t_1) = \mu_{c_{17}}^1(t_1) \wedge \begin{cases} \mu_{7,9}^1(t_1 + \lambda_{c_{17}}^2(t_1)) = 1.0 \wedge 0.8 = 0.8 \\ \mu_{7,9}^2(t_1 + \lambda_{c_{17}}^2(t_1)) = 1.0 \wedge 1.0 = 1.0 \end{cases}$$

则 $\Lambda_c(t_1) = \{4,5\}$,$\mathrm{Pos}_c(t_1) = \{0.8, 1.0\}$,即

$$\xi_c(t_0) = \begin{cases} 4, & \text{可能性为} 1.0 \\ 5, & \text{可能性为} 0.7 ; \\ 6, & \text{可能性为} 0.7 \end{cases} \quad \xi_c(t_1) = \begin{cases} 4, & \text{可能性为} 0.8 \\ 5, & \text{可能性为} 1.0 \end{cases}$$

根据式(3-2)和式(3-3),模糊变量 $\xi_c(t_0)$、$\xi_c(t_1)$ 的期望值为

$$E[\xi_c(t_0)] = \sum_{g=1}^{3} \lambda_c^g(t_0) \cdot \omega_c^g(t_0) = 4.7$$

$$E[\xi_c(t_1)] = \sum_{g=1}^{2} \lambda_c^g(t_1) \cdot \omega_c^g(t_1) = 4.6$$

最后,根据式(3-4)计算路径 c 的平均期望通行时间,即

$$f(c) = \frac{1}{2}(E[\xi_c(t_0)] + E[\xi_c(t_1)]) = 4.65$$

为求解平均期望通行时间最短的 $f(c), c \in \chi$,引入二维变量 x_c 建立如下 0-1 整数规划模型:

$$\min f(c) = \frac{1}{|D|} \sum_{t \in D} \sum_{g=1}^{G_c(t)} \lambda_c^g(t) \cdot \omega_c^g(t) \cdot x_c$$
$$\text{s.t.} \quad x_c \in \{0,1\}$$
$$c \in \chi$$

(3-5)

其中,若选择路径 c,则 $x_c=1$;否则 $x_c=0$。式(3-5)称为动态模糊期望时间最短路径模型。

本质上,式(3-5)是 0-1 整数规划模型,目的是在某 OD 路径集合中寻找一条平均期望通行时间最短的路径。我们知道对于大规模网络,穷举所有路径往往是不现实的。故而,为在尽可能短的时间内找到高质量的解,本章拟设计基于禁忌搜索的启发式算法求解该模型。

3.2 禁忌搜索算法

禁忌搜索算法是局部搜索算法的推广,通过对人类思维过程的模拟逐步得到"全局最优解"。该算法引入一个可行存储结构及相应的禁忌搜索规则以避免局部最优,并通过特赦准则赦免一些被禁忌的优良解,进而实现全局最优。因此,禁忌搜索算法是一种不同于模拟退火和遗传算法的启发式算法,且该算法已广泛应用于求解模糊优化问题,如 Zheng 等[134],Yang 和 Liu[135]。下面将分别介绍禁忌搜索算法中解的表示、邻居结构、邻居搜索、禁忌表和特赦准则等,最后给出禁忌搜索算法求解式(3-5)的具体步骤。

3.2.1 解的表示

式(3-5)的目的是在动态模糊路网中寻找一条平均期望时间最短路径。因此,可选择起点和终点间的某条物理路径作为模型的初始可行解。此外,在算法搜索过程中,采用节点序列方式表示可行解,如节点序列"12589"表示路径 1→2→5→8→9。

3.2.2 邻居结构

在禁忌搜索算法中,邻居结构的设计对获取全局最优解起到关键作用。根据动态模糊网络中路径的特点,本节提出一种邻居生成法:(1)从当前解中随机选择两个节点;(2)重新生成这两个节点间的子路径;(3)新的路径将构成邻居结构。另外,为加快搜索最优解的速度,规定在邻居生成过程中不能同时选择当前解的起点和终点。以图 3-1 为例,假设当前解为路径 1→2→5→8→9。为得到当前解的邻居,首先随机选择该路径的两个节点 1 和 5,然后在这两个节点间生成新的子路径 1→4→5 和 1→5,则可得到两个邻居 1→4→5→8→9 和 1→5→8→9,如图 3-3 所示。

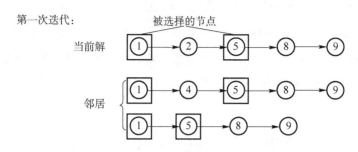

图 3-3 通过更新子路径产生的邻居

3.2.3 邻居搜索

在大规模交通网络中,当前解可能具有几十甚至上百个邻居,因此搜索当前解的所有邻居是不可行的。鉴于此,本节设计了邻居生成算法以得到一定数量且具有代表性的邻居。下面介绍具体的算法步骤。

步骤 1: 初始化网络中所有路段的访问次数为 0,即 $visit_{i,j}=0, \forall (i,j) \in A$。

步骤 2: 标记网络中所有节点的状态为 0,即 $state_i=0, \forall i \in V$。

步骤 3: 访问选择的第一个节点,标记该节点的状态为 1,并设置该节点为当前节点。

步骤 4: 为当前节点 $i, i \in V$ 选择一个状态为 $state_j=0$ 的后续节点 $j, j \in \Gamma(i)$。若无后续节点,转至步骤 8。

步骤 5: 访问后续节点 j,并设置其状态为 $state_j=1, visit_{i,j}++$。

步骤 6: 若后续节点 j 是随机选择的第二个节点,转至步骤 7;否则,设置该节点为当前节点并转至步骤 4。

步骤 7: 若选择的两个节点间生成的子路径与初始子路径不同,且整条路径无环,则将该条路径添加至邻居集合,令邻居数量为 neighbor_num++。

步骤 8: 若 neighbor_num<N(N 为邻居数量),转至步骤 2;否则,停止。

3.2.4 禁忌表

为避免局部最优解,通常采用禁忌表以降低局部循环的可能性,其中禁忌对象和禁忌长度是禁忌表的两个重要指标。

1. 禁忌对象

根据以上讨论,需要通过选择当前解的两个节点产生邻居。为避免搜索过程中出现局部循环,将这两个节点看作下一步迭代的禁忌对象,即下面几次(禁忌长度)迭代中不允许同时选择这两个节点,并且含有禁忌对象的邻居也将被删除(满足特赦准则的邻居除外)。如图 3-4 所示,设路径 1→5→8→9 为第二次迭代的当前解,且选择节点 1 和 8 生成邻居集合。由于节点 1 和 5 在第一次迭代中被标记为禁忌对象,则含有该禁忌对象的邻居 1→2→5→8→9、1→4→5→8→9 和 1→5→6→8→9 称为禁忌解。在此情形下,当前解的邻居仅包括路径 1→3→6→8→9 和满足特赦准则的禁忌解。

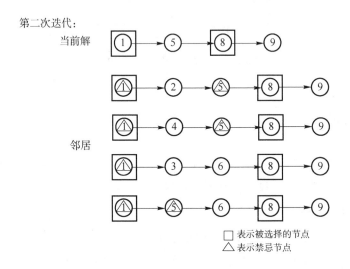

图 3-4 禁忌解的生成过程

2. 禁忌长度

为了在搜索过程中尽快得到最优解,禁忌对象在几次迭代后将被解禁。禁忌表的长度影响解的搜索速度与质量。禁忌表长度越短导致局部循环的可能性越大,而禁忌表长度过大会导致计算时间的增加。在实际运算中,禁忌长度可用常数或者变量来表示,本章采用常数表示禁忌长度。

3.2.5 特赦准则

在算法搜索过程中,禁忌表中的解可能是高质量的解。因此,为尽快得到最优解,搜索过程中将采用一些特赦准则。例如,若路径 b 是禁忌解,并且它的目标值优于当前目标值,则路径 b 不再被禁忌,可被选为下次迭代的当前解。

3.2.6 求解步骤

为了算法完整性,下面给出求解式(3-5)的详细步骤,其中输入参数、输出结果及算法中涉及的相关变量如下。

输入参数：
- 邻居数量 N；
- 禁忌长度 L；
- 最优目标值保持不变的迭代次数 M。

返回结果：
- 最终迭代次数；
- 最优解；
- 最优目标值；
- 运行时间。

变量含义：
- current_sol 表示当前解；
- best_sol 表示目前为止得到的最优解；
- current_ite 表示当前迭代的次数；
- best_ite 表示目前为止 best_sol 的重复迭代次数；
- N(current_sol)表示当前解的邻居集合。

该禁忌搜索算法具体步骤如下。

步骤 1：初始化。在给定的 OD 对之间随机生成一个可行解。令 current_sol$=x$，best_sol$=x$，current_ite$=1$，best_ite$=0$。

步骤 2：产生邻居。从当前解 current_sol 中随机选择两个节点，生成邻居集合 N(current_sol)。将这两个节点添加至禁忌表中，令 current_ite++。

步骤 3：更新当前解。根据式(3-4)计算 N 个邻居的目标值，并找出具有最小目标值的邻居 x^*。

(1) 若 x^* 不是禁忌解或满足特赦准则，则 current_sol$=x^*$。

(2) 若 x^* 是禁忌解，则寻找具有较小目标值的非禁忌解 x^{**}，令 current_sol$=x^{**}$；若所有邻居被禁忌，则令 current_sol$=x^*$。

步骤 4：更新最优解。若步骤 3 中当前解 current_sol 的目标值优于目前为止的最优解 best_sol，则 best_sol$=$current_sol，best_ite$=$current_ite；否则，best_sol 保持不变。

步骤 5：若 current_ite$-$best_ite$=M$，则算法结束；否则转至步骤 2。

为清晰起见，图 3-5 给出了该算法的流程图。

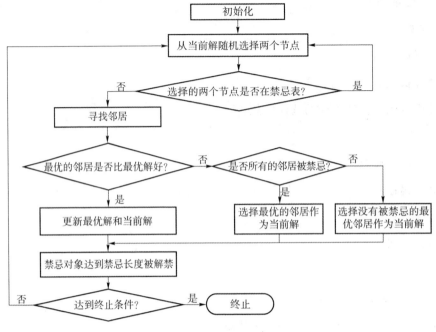

图 3-5 禁忌搜索算法的流程图

3.3 算 例

本节将通过两个算例分析上述模型和算法的有效性。该禁忌搜索算法使用 VC++编码,并在 CPU 为 3.40 GHz,4 GB 内存的 Windows 7 系统下运行。

3.3.1 Sioux-Falls 网络算例

如图 3-6 所示,Sioux-Falls 网络包括 24 个节点、76 条路段,假设节点 1 和 20 分别为出行的起点和终点。本实验选择上午 7:00—9:00 为高峰时段,以 1 min 为时间增量将该时段离散为 120 个时间区间,并且该实验考虑从起点的出发时间窗为 7:00—7:30。在数据准备阶段,根据路段长度随机生成动态模糊路段通行时间。其中,路段 1⇌2,12⇌13,18⇌20 的动态模糊通行时间在区间[12,18](单位:min)内随机生成,路段 3⇌12,4⇌11,11⇌14,10⇌15 的动态模糊通行时间在区间[6,12]内随机产生,剩余路段的动态模糊通行时间在区间[1,6]内随机产生。

1. 计算结果

以路径 1→2→6→5→4→11→14→23→22→21→20 为初始解(目标值为 71.240 0),表 3-1 给出了 20 个实验结果,其中 N 表示每次迭代中邻居的数量,L 表示禁忌长度,M 表示最优目标值保持不变的迭代次数。同时,这三个参数分别在区间[5,30],[2,7]和[20,50]内

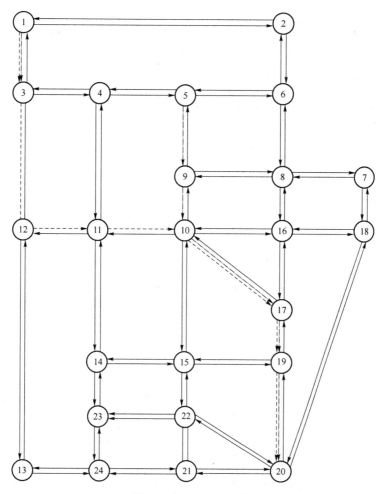

图 3-6 Sioux-Falls 网络

随机产生。参数 F 表示算法终止时的总迭代次数，相对误差计算如下：

$$相对误差 = \frac{目标值 - 最优目标值}{最优目标值} \times 100\% \qquad (3-6)$$

其中，目标值指每个实验的目标值，最优目标值即为 20 个实验的最优目标值。

表 3-1 具有不同参数的解的比较

实验	N	L	M	F	最优解	目标值	相对误差(%)	运行时间/s
1	27	6	35	49	1→3→4→5→9→10→17→19→20	43.936 7	0	18.127
2	21	3	35	54	1→3→4→5→9→10→17→19→20	43.936 7	0	12.012
3	10	3	44	81	1→3→4→5→9→10→17→19→20	43.936 7	0	12.106
4	25	5	21	35	1→3→4→5→9→10→17→19→20	43.936 7	0	8.440

续 表

实验	N	L	M	F	最优解	目标值	相对误差(%)	运行时间/s
5	6	7	47	97	1→3→4→5→9→10→17→19→20	43.9367	0	6.786
6	11	2	39	74	1→3→4→5→9→10→17→19→20	43.9367	0	14.133
7	13	6	22	38	1→3→4→5→9→10→17→19→20	43.9367	0	6.287
8	7	7	42	34	1→3→4→5→9→10→17→19→20	43.9367	0	12.901
9	**6**	**2**	**23**	**35**	1→3→12→11→10→17→19→20	**45.0067**	**2.31**	**2.917**
10	30	6	32	46	1→3→4→5→9→10→17→19→20	43.9367	0	18.221
11	13	7	29	46	1→3→4→5→9→10→17→19→20	43.9367	0	6.833
12	18	2	21	40	1→3→4→5→9→10→17→19→20	43.9367	0	8.159
13	25	6	47	61	1→3→4→5→9→10→17→19→20	43.9367	0	13.213
14	9	2	31	66	1→3→4→5→9→10→17→19→20	43.9367	0	8.658
15	16	6	26	42	1→3→4→5→9→10→17→19→20	43.9367	0	7.925
16	5	3	21	46	1→3→4→5→9→10→17→19→20	43.9367	0	2.933
17	29	5	31	45	1→3→4→5→9→10→17→19→20	43.9367	0	18.845
18	14	3	31	68	1→3→4→5→9→10→17→19→20	43.9367	0	14.451
19	24	5	46	60	1→3→4→5→9→10→17→19→20	43.9367	0	15.990
20	20	4	36	53	1→3→4→5→9→10→17→19→20	43.9367	0	12.538
					平均值	43.9902	0.12	11.073

由表 3-1 的计算结果可知：

- 除实验 9 的目标值为 45.0067 外，其余 19 个实验的目标值均为 43.9367，因此这 20 个实验中仅实验 9 的相对误差为 2.31%，这表明了算法的稳定性和稳健性。

- 19 个实验均得到了最优解 1→3→4→5→9→10→17→19→20，目标值为 43.9367。为了验证禁忌搜索算法求得最优解的精确性，本章又设计了回溯法（穷举所有路径）寻找期望时间最短路径。通过回溯法得到的精确最优解为路径 1→3→4→5→9→10→17→19→20，这表明本章所提出的禁忌搜索算法能够以较高概率（95%）得到精确最优解。

- 20 个实验的平均运行时间为 11.073 s，实验 17 的运行时间最长，即为 18.845 s，而回溯法求得最优解用时 34.988 s。与回溯法相比，禁忌搜索算法能够高效地求得期望时间最短路径。

- 如图3-6所示第9个实验解的路径长度和最优路径长度基本相同,但它们对应的目标值分别为45.006 7和43.936 7。该结果本质上是由于路段通行时间的模糊性和动态性导致的。

下面以实验1为例说明禁忌搜索算法的迭代过程。图3-7给出了当前目标值和最优目标值的更新过程。这两条曲线在前5次迭代中是重合的,即在这5次迭代中目标值均得到了更新,最终在第15次迭代时得到了最优目标值43.936 7。另外,由该图可知,在算法搜索过程中可能得到质量较差的解,如在第22、26和30次迭代中当前解的目标值很大,分别为91.921 6、81.578 3和72.688 2;而且在迭代过程中,通常会求得一些局部最优解,如第27和43次迭代中得到局部最优解的目标值分别为57.511 6和50.056 6。然而,通过多次迭代及一些禁忌规则,该算法未陷入局部最优,最终找到了最优解。

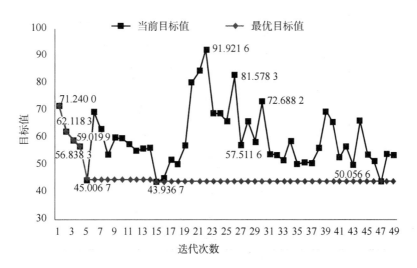

图3-7 当前目标值及最优目标值的更新过程

2. 灵敏性分析

在求解过程中,邻居数量、禁忌长度及最优目标值的重复迭代次数等参数会影响算法的性能。如表3-2所示,在第一组和第三组实验中,运行时间随着邻居数量 N 和最优目标值的重复迭代次数 M 的增大而递增。此外,随着邻居数量 N、禁忌长度 L 和最优目标值的重复迭代次数 M 的增大,得到的目标值越好,产生此结果的原因如下:

(1) 更多的邻居增大了路径的搜索范围;

(2) 禁忌长度越长将会更有效地避免局部最优;

(3) 重复迭代次数 M 越大,表明目前的最优解是精确最优解的可能性越大。

表 3-2 不同参数的灵敏度分析

	实验	N	L	M	运行时间/s	目标值	迭代次数
第一组	1	**3**	2	20	1.763	45.658 3	35
	2	**6**	2	20	2.948	45.006 7	32
	3	**9**	2	20	4.977	45.006 7	33
	4	**12**	2	20	6.162	45.006 7	33
	5	**15**	2	20	8.658	43.936 7	47
	6	**18**	2	20	8.096	43.936 7	39
	7	**21**	2	20	8.689	43.936 7	39
第二组	1	10	**2**	20	5.928	45.006 7	33
	2	10	**3**	20	5.928	45.006 7	33
	3	10	**4**	20	5.928	43.936 7	36
	4	10	**5**	20	4.696	43.936 7	36
	5	10	**6**	20	5.632	43.936 7	36
	6	10	**7**	20	4.617	43.936 7	36
	7	10	**8**	20	4.618	43.936 7	36
第三组	1	10	3	**10**	4.072	45.006 7	23
	2	10	3	**15**	4.680	45.006 7	28
	3	10	3	**20**	5.881	45.006 7	33
	4	10	3	**25**	10.983	43.936 7	62
	5	10	3	**30**	11.466	43.936 7	67
	6	10	3	**35**	11.794	43.936 7	72
	7	10	3	**40**	12.231	43.936 7	77

3.3.2 北京城市快速路网算例

下面以北京城市快速路网为例(如图 3-8 所示)进一步验证禁忌搜索算法求解大规模算例的有效性。

1. 实验设计

如图 3-8 所示,北京城市快速路网包括 123 个节点、342 条路段。本实验同样考虑高峰时段上午 7:00—9:00,并以 1 min 为时间增量将该时段离散为 120 个时间区间。需要说明的是,本章仅采用了北京城市快速路网的网络结构,实验数据均为模拟数据。因此,每条路段在预设的范围内随机产生 120 个动态离散模糊通行时间;假定在非高峰期,即在上午 9:00 之后路段通行时间为常数。例如,路段 1→2 是一个在区间[1,6]内随机产生的动态模糊变量,在高峰时段之后,通行时间将设置为 2 min。在数据准备阶段,除表 3-3 列出的较长路段外,其余路段通行时间(单位:min)将在区间[1,6]内随机产生。

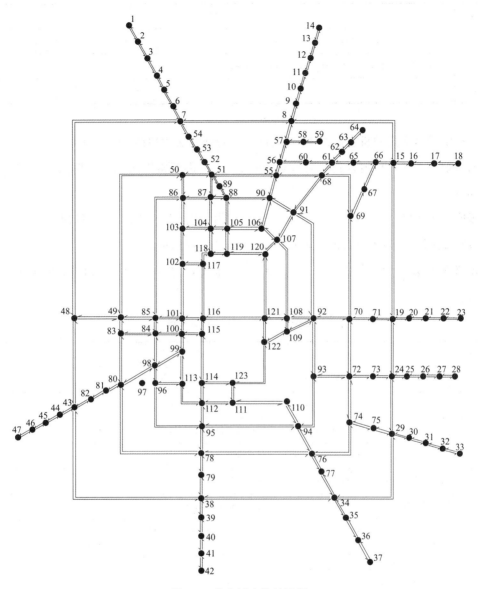

图 3-8 北京城市快速路网

表 3-3 路段通行时间的取值范围

范围	路段
[3,7]	55⇌68,72⇌74,110⇌111,114⇌115
[4,8]	51⇌55,80⇌83,93⇌94,122⇌123
[5,10]	19⇌24,24⇌29,68⇌69,70⇌72,74⇌76,92⇌93,101⇌102,109⇌110,116⇌117,116⇌121,120⇌121
[6,11]	94⇌95,95⇌97,107⇌108

续 表

范围	路段
[8,13]	7⇌8,15⇌19,43⇌48,69⇌70,76⇌78
[9,14]	8⇌15,29⇌34,34⇌38,78⇌80,85⇌86,91⇌92
[12,17]	38⇌43,49⇌50

本组实验将通过随机选取的 10 组 OD 对来验证算法的性能,表 3-4 给出了这 10 组 OD 对的初始解。为了尽快搜索到高质量解,嵌入一个局部搜索算法至禁忌搜索算法中。具体步骤如下。

步骤 1:分别在区间[10,40]、[2,7]和[30,60]内随机生成参数 N、L 和 M。

步骤 2:根据步骤 1 中随机生成的参数,执行禁忌搜索算法。

步骤 3:重复步骤 1 和 2 共 15 次,得到 15 个最优解,然后选择目标值最小的最优解作为最终解。

表 3-4 10 组 OD 对的初始解

OD	初始解
1	1→2→3→4→5→6→7→48→43→82→81→80→83
2	19→24→73→72→74→76→94→110→111→112→95→78→80
3	56→55→68→91→92→108→121→122→123→111→112→113→99→98→96→95
4	7→48→38→79→78→95→94→110→111→123
5	80→98→99→113→112→95→94→76→74→72
6	15→66→65→61→68→91→92→108→121→116→101→102
7	118→104→105→106→107→108→109→110→94→93→72→74→76
8	61→60→56→55→90→106→107→120→121→108→109→110→94→95→112
9	50→86→103→102→101→85→84→98→80→78→76→94
10	8→57→56→60→61→68→69→70→92→93→94→95→96→113

2. 实验结果

表 3-5 给出了 10 组 OD 对的实验结果,其中评价最优解的指标包括最优目标值、平均目标值、平均运行时间和平均相对误差。计算结果表明:

(1) 10 组实验的平均目标值与最优目标值间相对误差均小于 4.53%(如图 3-9 所示),表明算法的稳健性;

(2) 禁忌搜索算法的平均运行时间小于 37.061 7 s,而回溯法由于需穷举出 OD 之间的所有路径,用时20多天也未找到最优解,表明回溯法求解动态模糊路网中期望时间最短路径时,运行时间随网络规模的增大而急剧增长;

(3) 与求解Sioux-Falls网络算例的运行时间相比,禁忌搜索算法求解北京城市快速路网算例的运行时间没有显著增加,表明该算法求解较大规模网络算例的高效性。

表3-5 计算结果的比较

	最优目标值	平均目标值	平均运行时间/s	平均相对误差(%)
1	46.549 9	46.549 9	37.061 7	0
2	55.373 3	56.711 1	27.351 2	2.42
3	55.441 6	56.518 9	16.150 2	1.94
4	43.354 9	43.743 6	17.981 6	0.90
5	43.135 0	43.895 3	19.069 4	1.76
6	46.571 6	47.938 3	20.042 9	2.93
7	50.786 6	51.776 9	16.436 2	1.95
8	51.718 3	51.970 7	14.651 5	0.49
9	52.534 9	52.723 1	16.659 8	0.36
10	48.633 3	50.836 4	23.152 5	4.53

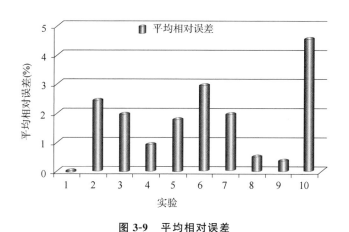

图3-9 平均相对误差

3.4 本章小结

在实际路网中,不确定因素可导致路段通行时间的动态性和模糊性。为了给出行者提供个性化的路径向导,本章探讨了在动态模糊路网中如何搜索期望时间最短路径。与随机变量相加、相乘的运算法则有着本质不同,由于模糊变量运算遵循取大、取小运算法则,文中证明了在动态模糊路网中不能运用标号修正算法或者标号设定算法寻找期望时间最短路径。鉴于此,本章提出了在动态模糊路网中路径通行时间期望值的求解方法。进一步,运用线性加权方法,建立了0-1数学规划模型以刻画在预设的出发时间窗内生成期望时间最短路径的过程。设计了禁忌搜索算法以得到模型的高质量解,并用Sioux-Falls网络和北京城市快速路网算例来验证模型和算法的有效性。结果表明,所提出的禁忌搜索算法能够以较小的相对误差求得高质量解。

第4章　随机约束最短路模型及求解算法

前面两章讨论了在缺乏路段通行时间历史数据的动态模糊路网中最优路径的评价准则及求解方法。而在路网历史数据充足的情况下，通常将路段通行时间处理为随机变量，进而探讨最优路径的求解问题。例如，Frank[136]在随机路网环境下采用路段通行时间的概率分布函数评价路径的可靠性。Sivakumar 和 Batta[137]采用期望-方差均衡理论处理随机变量，通过添加约束的方式使方差小于预设值来确定期望时间最短路径。Yang 等[138]将路段通行时间处理为基于场景的随机变量，建立了两阶段随机优化模型。Yang 和 Zhou[139]采用基于样本数据的表示方法刻画路段通行时间随机性，提出了极大化按时到达概率和极小化百分位通行时间的两阶段随机规划模型。

上述文献主要以通行时间最短为目标搜索最优路径。但是在现实中，当出行者不仅要求以尽可能短的时间到达目的地，而且出行不能超过一些资源预算（如距离、油耗等）时，该问题称为约束最短路问题。目前，诸多学者已探讨了确定路网环境下的约束最短路问题并提出一系列模型和算法。而由于实际路网的不确定性，本章拟针对随机路网环境下的约束最短路问题开展研究。

4.1　约束最短路问题的一般模型

约束最短路问题[91,140]可表述为：给定有向图 $G=(V,A)$，其中 $V(|V|=n)$ 是节点集合，$A(|A|=m)$ 是路段集合。从起点 O 至终点 D 的有向路径可由一系列连续的路段表示，例如，$P=\{(O,i_1),(i_1,i_2),\cdots,(i_{e-1},D)\}$，其中 e 代表该路径的路段数量。每条路段具有一个目标权重 c_{ij} 和 K 个资源权重 $w_{ij}^k \geqslant 0, k=1,2,\cdots,K$，且每个资源上限为 W^k。约束最短路问题即在满足资源约束（或边际约束）的条件下，搜索一条目标权重最小的路径，模型如下：

$$\begin{cases} \min \sum_{(i,j)\in A} c_{ij} \cdot x_{ij} & \text{(4-1)} \\ \text{s.t.} \\ \sum_{(i,j)\in A} x_{ij} - \sum_{(j,i)\in A} x_{ji} = \begin{cases} 1, & i=O \\ -1, & i=D \\ 0, & \text{否则} \end{cases} & \text{(4-2)} \\ \sum_{(i,j)\in A} x_{ij} \cdot w_{ij}^k \leqslant W^k, k=1,2,\cdots,K & \text{(4-3)} \\ x_{ij} \in \{0,1\}, \forall (i,j) \in A & \text{(4-4)} \end{cases}$$

其中:决策变量 x_{ij} 是一个二元变量,如果路段 (i,j) 包含在最优路径中,取值为1;否则取值为0。参数 W^k 是路径中各路段资源权重 w_{ij}^k 之和的上限,$k=1,2,\cdots,K$。实际出行中,W^k 可表示该条路径允许的最大长度、费用、油耗等。需要说明的是,式(4-1)、式(4-2)及式(4-4)即可构成经典最短路问题,故约束最短路问题为经典最短路问题的进一步扩展。

4.2 随机约束最短路模型

为了描述方便,下面首先给出随机约束最短路问题建模过程中所需的参数和变量。

- V:节点集合。
- A:路段集合。
- i,j:节点,$i,j \in A$。
- (i,j):有向路段集合,$(i,j) \in A$。
- s:场景。
- S:场景数量。
- k:边际约束。
- K:边际约束数量。
- C:S 个场景下所有路段通行时间集合。
- ξ_{ij}:路段 (i,j) 的随机通行时间。
- t_{ij}^s:路段 (i,j) 在第 s 个场景下的通行时间。
- p_s:场景 s 的发生概率。
- w_{ij}^k:路段 (i,j) 的第 k 个资源权重。
- W^k:第 k 个资源上限。

随机约束最短路问题可表述为:令有向图 $G=(V,A,C)$ 表示一个随机路网。$V(|V|=n)$ 和 $A(|A|=m)$ 分别表示节点和路段的集合。该随机路网中,假设路段 (i,j) 的通行时间

是具有 S 个场景(或样本)的离散随机变量,$t_{ij}^s(s=1,2,\cdots,S)$ 表示场景 s 下路段 (i,j) 的通行时间,对应概率为 $p_s(\sum_{s=1}^{S}p_s=1)$。故 $C=\{C^1,C^2,\cdots,C^S\}$ 表示 S 个场景下路段通行时间的向量集合,其中 C^s 是一个具有 m 维的路段通行时间向量,即表示场景 s 下 m 条路段的通行时间。本章拟基于上述随机网络,研究满足边际约束的期望时间最短路问题。

需要说明的是,本章采用 Dembo[3] 提出的基于场景的方法处理路段通行时间的随机性,该种方法可降低求解随机规划模型的难度。具体地,每个场景下的随机规划模型即为一个确定模型。近年来,相关学者(如 Yang 和 Zhou[27],Huang 和 Gao[34],Yang 等[131])均采用该方法处理路段通行时间的随机性。

为了描述方便,下面将给出一个示例说明本章的研究思想。

例 4.1 图 4-1 给出了一个包括 4 个节点和 5 条路段的简单网络,其中路段通行时间是基于 3 个场景的离散随机变量,每个场景发生的概率为 1/3(如表 4-1 所示)。将路段长度作为资源权重,其中表 4-2 给出了该网络每条路段的长度。由图 4-1 可知,从起点 1 至终点 4 共包含 3 条路径,即 1→2→4、1→2→3→4 和 1→3→4。由表 4-1 和表 4-2 中的相关数据,可计算不同场景下的路段通行时间、期望路径通行时间及路径长度(如表 4-3 所示)。以路径 1→2→4 为例,该路径在不同场景下的通行时间分别为 5 min、6 min 和 7 min。由于各场景概率均为 1/3,故该路径的期望通行时间为 6 min。此外,路段 1→2 和 2→4 的长度分别为 2 km 和 5 km,故该路径长度为 7 km。

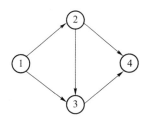

图 4-1 一个简单的网络

表 4-1 路段通行时间(单位:min)

场景	路段(1,2)	路段(1,3)	路段(2,3)	路段(2,4)	路段(3,4)
$s=1$	2	4	3	3	2
$s=2$	4	3	2	2	1
$s=3$	3	4	3	4	1

表 4-2 路段长度(单位:km)

路段(1,2)	路段(1,3)	路段(2,3)	路段(2,4)	路段(3,4)
2	5	1	5	3

表 4-3 路径的期望通行时间及长度

路径	$s=1$	$s=2$	$s=3$	期望通行时间	长度
1→2→4	5	6	7	6	7
1→3→4	6	4	5	5	8
1→2→3→4	7	7	7	7	6

在该随机网络中,如果考虑不同的边际约束上限,将会得到不同的期望时间最短路径(如表 4-3 所示):当路径长度上限为 6 km 时,最优路径为 1→2→3→4,其对应期望通行时间为 7 min;当路径长度上限为 7 km 时,最优路径为 1→2→4;当路径长度上限为 8 km 时,最优路径为 1→3→4。如果不考虑边际约束,则期望时间最短路径为 1→3→4,其对应期望通行时间为 5 min。

下面将构建本章所研究的随机约束最短路问题的数学模型,包括决策变量、系统约束和目标函数。

4.2.1 决策变量

随机约束最短路问题的主要目的是在随机网络中搜索满足边际约束的期望时间最短路径。不失一般性,在搜索最优路径过程中,可用如下二元变量表示决策变量:

$$x_{ij}^s = \begin{cases} 1, & \text{若路段}(i,j)\text{在场景 }s\text{ 下被选择} \\ 0, & \text{否则} \end{cases}$$

由决策变量 x_{ij}^s 可知,该问题在每个场景下均可生成一条可行路径。例如,在图 4-1 所示的网络中,当路径上限为 7 km 时,期望时间最短路径为 1→2→4。在此,决策变量在各场景的取值为 $x_{12}^1 = x_{12}^2 = x_{12}^3 = 1$ 和 $x_{24}^1 = x_{24}^2 = x_{24}^3 = 1$,表示每个场景下均生成路径 1→2→4。

4.2.2 系统约束

该模型考虑三类约束,即流平衡约束、边际约束和唯一路段选择约束。下面将对相关约束作详细介绍。

1. 流平衡约束

为确保各场景下所选路段可在 OD 间形成一条完整路径,下面引入流平衡约束式(4-5)。该约束保证了 OD 间所生成路径的连续性。同时,由于每条路段具有非负通行时间,因此在最小化期望通行时间的情况下,生成的路径必定是无环的。

$$\sum_{(i,j) \in A} x_{ij}^s - \sum_{(j,i) \in A} x_{ji}^s = \begin{cases} 1, & i = O \\ -1, & i = D, s = 1, 2, \cdots, S \\ 0, & \text{否则} \end{cases} \quad (4\text{-}5)$$

2. 边际约束

类似于经典约束最短路问题,本章讨论的随机约束最短路问题中假设有 K 个边际约束,即每条路段被赋予 K 个资源权重 $w_{ij}^k \geqslant 0, k=1,2,\cdots,K$。因此,随机约束最短路问题的边际约束可表述为

$$\sum_{(i,j) \in A} x_{ij}^s \cdot w_{ij}^k \leqslant W^k, s=1,2,\cdots,S, k=1,2,\cdots,K \tag{4-6}$$

其中,参数 W^k 表示路径中所有路段权重之和的上限。该约束表示在生成的可行路径中第 k 个路段资源权重之和不能超过 W^k。

3. 唯一路段选择约束

该问题涉及寻找一条先验最小期望通行时间路径,故需在每个场景下均生成同一条路径,即决策变量 x_{ij}^s 在各场景下的取值相同。换言之,若路段 (i,j) 在场景 s 下被选择,则该路段在其他场景下必须被选择。因此,为在各场景下生成同一条路径,我们要求在任意两个场景下的决策变量取值相同,该约束可表示为

$$x_{ij}^s - x_{ij}^{s'} = 0, \forall (i,j) \in A, \forall s, s' \in \{1,2,\cdots,S\} \tag{4-7}$$

文献中,式(4-7)在随机规划中通常被称为 Non-anticipativity 约束(如 Birge[141]),在航空交通管制问题中被称为耦合约束(Coupling Constraint)(如 Bertsimas 等[57])。在本章,称该约束为唯一路段选择约束。

4.2.3 目标函数

随机约束最短路问题的目标是通过极小化所生成路径的期望通行时间来得到最优解 $X^s = \{x_{ij}^s | x_{ij}^s \in \{0,1\}, \forall (i,j) \in A\}, s=1,2,\cdots,S$,则该问题目标函数的表达式为

$$\min \sum_{s=1}^{S} \sum_{(i,j) \in A} p_s \cdot t_{ij}^s \cdot x_{ij}^s \tag{4-8}$$

4.2.4 数学模型

综合考虑上述决策变量、系统约束和目标函数,建立随机环境下约束最短路问题的数学规划模型:

$$\begin{cases} \min \sum_{s=1}^{S} \sum_{(i,j) \in A} p_s \cdot t_{ij}^s \cdot x_{ij}^s \\ \text{s.t.} \\ \sum_{(i,j) \in A} x_{ij}^s - \sum_{(j,i) \in A} x_{ji}^s = \begin{cases} 1, & i=O \\ -1, & i=D, s=1,2,\cdots,S \\ 0, & \text{否则} \end{cases} \\ \sum_{(i,j) \in A} x_{ij}^s \cdot w_{ij}^k \leqslant W^k, s=1,2,\cdots,S, k=1,2,\cdots,K \\ x_{ij}^s - x_{ij}^{s'} = 0, \forall (i,j) \in A, \forall s,s' \in \{1,2,\cdots,S\} \\ x_{ij}^s \in \{0,1\}, \forall (i,j) \in A, s=1,2,\cdots,S \end{cases} \tag{4-9}$$

与经典约束最短路模型不同,该模型中每条路段的通行时间是基于场景的离散随机变量,因此称式(4-9)为随机约束最短路模型。若式(4-9)中的随机路段通行时间退化为常数(即 $S=1$),则该模型等价于经典约束最短路模型。若式(4-9)不包含边际约束,则该模型等价于随机最短路模型。

在式(4-9)中,由于边际约束上限的取值 W^k 是给定的,因此该参数的取值对模型解的影响较大。若 W^k 的取值过小,则可能导致模型不存在可行解;若 W^k 取值过大,则将失去边际约束的意义。为此,在模型建模过程中,应根据实际资源特性考虑参数 W^k 的取值范围,既能体现边际约束的实际意义,又保证该模型具有可行解。

Michael 和 David[84]证明了求解约束最短路模型是 NP 难问题。在随机约束最短路模型中,边际约束和唯一路段选择约束均为复杂约束,因此求解式(4-9)必定是 NP 难问题。

为了分析式(4-9)的规模,表 4-4 给出了模型中变量和约束的数量。显然,随机约束最短路问题的规模与一些预设参数有关,如节点、路段、场景及约束的数量。下面用一个简单例子直观地说明模型的规模。假设一个交通网络包括 50 个节点和 100 条路段,路段通行时间的场景数量为 10,边际约束数量为 5,则变量的总数最多为 1 000,约束的总数最多为 5 050。由表 4-4 可知,模型中变量和约束的数量与场景数量密切相关。如果场景数量成倍增加,变量和约束的数量也将相应地成倍增加,故场景数量对问题规模的影响很大。

表 4-4 式(4-9)中变量和约束的数量

变量或约束	总数
决策变量 x_{ij}^s	$S \cdot m$
流平衡约束式(4-5)	$S \cdot n$
边际约束式(4-6)	$S \cdot K$
唯一路段选择约束式(4-7)	$m \cdot S(S-1)/2$

4.3 拉格朗日松弛算法

由于随机约束最短路模型式(4-9)是 NP 难问题,因此需要设计有效算法对该模型进行求解。当组合优化问题是 NP 难问题时,最为常用的方法是设计启发式算法以得到近似最优解。禁忌搜索、模拟退火、遗传算法、蚁群算法及人工神经网络等启发式算法为最小化目标函数提供了上界。通常,评价算法好坏的一个标准是比较所得到的目标值和最优值之间的差值。因此,通过寻找 NP 难问题的紧下界并采用上下界之间的相对差值来评价解的优劣是求解 NP 难问题行之有效的方法。拉格朗日松弛算法是寻找组合优化问题下界的有效方法,该方法易实施且具有良好的收敛性质。目前,相关学者已采用基于拉格朗日松弛算法的启发式算法有效求解 NP 难问题,如 Yang 和 Zhou[27],Carlyle 等[140]。

4.3.1 复杂约束的松弛

本节将采用拉格朗日松弛算法求解式(4-9)的下界。该模型中,流平衡约束式(4-5)为简单易处理约束,而边际约束式(4-6)和唯一路段选择约束式(4-7)为复杂约束。下面详细讨论如何松弛复杂约束。

对于边际约束式(4-6),通过引入拉格朗日乘子 $\alpha_s^k \geqslant 0, s=1,2,\cdots,S, k=1,2,\cdots,K$,可将其按如下形式松弛至目标函数中:

$$\alpha_s^1 \Big(\sum_{(i,j)\in A} x_{ij}^s \cdot w_{ij}^1 - W^1\Big), \alpha_s^2 \Big(\sum_{(i,j)\in A} x_{ij}^s \cdot w_{ij}^2 - W^2\Big), \cdots, \alpha_s^K \Big(\sum_{(i,j)\in A} x_{ij}^s \cdot w_{ij}^K - W^K\Big) \tag{4-10}$$

对于唯一路段选择约束式(4-7),每条路段共有 $S(S-1)/2$ 个等式关系。同时,该网络的路段数为 m,故约束式(4-7)共有 $m \cdot S(S-1)/2$ 个等式关系。但是,该约束存在冗余约束,例如假设有 4 个场景(即 1、2、3 和 4),则存在 6 个等式关系 $x_{ij}^1 - x_{ij}^2 = 0, x_{ij}^2 - x_{ij}^3 = 0, x_{ij}^3 - x_{ij}^4 = 0, x_{ij}^4 - x_{ij}^1 = 0, x_{ij}^1 - x_{ij}^3 = 0, x_{ij}^2 - x_{ij}^4 = 0$。显然,最后两个等式关系是冗余的。为减少冗余,可将约束式(4-7)改写为式(4-11):

$$x_{ij}^1 - x_{ij}^2 = 0, x_{ij}^2 - x_{ij}^3 = 0, \cdots, x_{ij}^{S-1} - x_{ij}^S = 0, x_{ij}^S - x_{ij}^1 = 0, \forall (i,j) \in A \tag{4-11}$$

式(4-11)中等式关系的数量减少至 $S \cdot m$。同时,为缩小拉格朗日乘子的取值范围,将等式形式改写为如下不等式形式:

$$x_{ij}^1 - x_{ij}^2 \leqslant 0, x_{ij}^2 - x_{ij}^3 \leqslant 0, \cdots, x_{ij}^{S-1} - x_{ij}^S \leqslant 0, x_{ij}^S - x_{ij}^1 \leqslant 0, \forall (i,j) \in A \tag{4-12}$$

下面引入拉格朗日乘子 $\beta_{ij}^s \geqslant 0, \forall (i,j) \in A, s=1,2,\cdots,S$ 将式(4-12)中的约束松弛至目标函数中,形式如下:

$$\beta_{ij}^1 (x_{ij}^1 - x_{ij}^2), \beta_{ij}^2 (x_{ij}^2 - x_{ij}^3), \cdots, \beta_{ij}^{S-1} (x_{ij}^{S-1} - x_{ij}^S), \beta_{ij}^S (x_{ij}^S - x_{ij}^1) \tag{4-13}$$

将复杂约束式(4-6)和式(4-7)以式(4-10)和式(4-13)形式松弛至目标函数后,原模型式(4-9)的松弛模型可表示如下:

$$\begin{cases} \min \mathrm{LR}(\alpha_s^k, \beta_{ij}^s) = \sum_{s=1}^{S} \sum_{(i,j)\in A} p_s \cdot t_{ij}^s \cdot x_{ij}^s + \sum_{k=1}^{K}\sum_{s=1}^{S} \alpha_s^k \Big(\sum_{(i,j)\in A} x_{ij}^s \cdot w_{ij}^k - W^k\Big) \\ + \sum_{(i,j)\in A} \Big(\sum_{s=1}^{S} \beta_{ij}^s (x_{ij}^s - x_{ij}^{s+1}) + \beta_{ij}^S (x_{ij}^S - x_{ij}^1)\Big) \\ \text{s.t.} \\ \sum_{(i,j)\in A} x_{ij}^s - \sum_{(j,i)\in A} x_{ji}^s = \begin{cases} 1, & i=O \\ -1, & i=D, \quad s=1,2,\cdots,S \\ 0, & \text{否则} \end{cases} \\ x_{ij}^s \in \{0,1\}, \forall (i,j)\in A, s=1,2,\cdots,S \end{cases} \tag{4-14}$$

松弛模型式(4-14)的目标函数经过合并同类项,形式如下:

$$\min \mathrm{LR}(\alpha_s^k,\beta_{ij}^s) = \sum_{s=1}^{S}\sum_{(i,j)\in A}\left(p_s\cdot t_{ij}^s + \sum_{k=1}^{K}\alpha_s^k\cdot w_{ij}^k + \gamma_{ij}^s\right)\cdot x_{ij}^s - \sum_{k=1}^{K}\sum_{s=1}^{S}\alpha_s^k\cdot W^k$$

(4-15)

其中,$\gamma_{ij}^1 = \beta_{ij}^1 - \beta_{ij}^S$,$\gamma_{ij}^s = \beta_{ij}^s - \beta_{ij}^{s-1}$,$s=2,3,\cdots,S$。

若给定拉格朗日乘子 $\alpha_s^k,\beta_{ij}^s,\forall(i,j)\in A,k=1,2,\cdots,K,s=1,2,\cdots,S$(以下简称为向量$(\boldsymbol{\alpha},\boldsymbol{\beta})$),则目标函数式(4-15)的第二部分 $\sum_{k=1}^{K}\sum_{s=1}^{S}\alpha_s^k\cdot W^k$ 为常数,该部分对模型的求解结果无影响。因此,下面重点考虑如何求解子问题式(4-16):

$$\begin{cases}\min \mathrm{SP}(\boldsymbol{\alpha},\boldsymbol{\beta}) = \sum_{s=1}^{S}\sum_{(i,j)\in A}\left(p_s\cdot t_{ij}^s + \sum_{k=1}^{K}\alpha_s^k\cdot w_{ij}^k + \gamma_{ij}^s\right)\cdot x_{ij}^s\\ \mathrm{s.t.}\\ \sum_{(i,j)\in A}x_{ij}^s - \sum_{(j,i)\in A}x_{ji}^s = \begin{cases}1, & i=O\\ -1, & i=D,\quad s=1,2,\cdots,S\\ 0, & 否则\end{cases}\\ x_{ij}^s\in\{0,1\},\forall(i,j)\in A,s=1,2,\cdots,S\end{cases}$$

(4-16)

进一步,子问题式(4-16)可分解为 S 个经典最短路问题,即每个场景 s 下对应一个最短路问题,简记为 $\mathrm{SP}s(\boldsymbol{\alpha},\boldsymbol{\beta}),s=1,2,\cdots,S$,形式如下:

$$\begin{cases}\min \mathrm{SP}s(\boldsymbol{\alpha},\boldsymbol{\beta}) = \sum_{(i,j)\in A}\left(p_s\cdot t_{ij}^s + \sum_{k=1}^{K}\alpha_s^k\cdot w_{ij}^k + \gamma_{ij}^s\right)\cdot x_{ij}^s\\ \mathrm{s.t.}\\ \sum_{(i,j)\in A}x_{ij}^s - \sum_{(j,i)\in A}x_{ji}^s = \begin{cases}1, & i=O\\ -1, & i=D\\ 0, & 否则\end{cases}\\ x_{ij}^s\in\{0,1\},\forall(i,j)\in A\end{cases}$$

(4-17)

其中,若把 $c_{ij}^s = p_s\cdot t_{ij}^s + \sum_{k=1}^{K}\alpha_s^k\cdot w_{ij}^k + \gamma_{ij}^s$ 看作广义费用,则式(4-17)为经典最短路问题,该模型可用标号修正算法求解。需要注意的是,若某些路段的广义费用为负值,则可能导致生成的路径含有环。因此,在拉格朗日乘子更新过程中应保证广义费用的非负性,即 $c_{ij}^s = p_s\cdot t_{ij}^s + \sum_{k=1}^{K}\alpha_s^k\cdot w_{ij}^k + \gamma_{ij}^s\geq 0,(i,j)\in A,s=1,2,\cdots,S$。

对于任意给定的拉格朗日乘子向量$(\boldsymbol{\alpha},\boldsymbol{\beta})$,松弛模型式(4-14)的最优值是原模型式(4-9)的下界。因此,为得到更加接近最优目标值的下界,需求解原模型的拉格朗日对偶问题式(4-18)以得到尽可能大的下界。

$$\mathrm{LD}(\boldsymbol{\alpha}^*, \boldsymbol{\beta}^*) = \max_{\alpha \geqslant 0, \beta \geqslant 0} \mathrm{LR}(\boldsymbol{\alpha}, \boldsymbol{\beta}) \tag{4-18}$$

4.3.2 求解算法

本章采用次梯度优化(Subgradient Optimization)算法求解拉格朗日对偶问题,并通过该算法得到原模型较好的下界。然而,由于需要满足边际约束,松弛模型的解不一定为原模型的可行解,因此当松弛模型得到的解不可行时,需将其调整为可行解。为此,进一步将次梯度优化算法扩展为拉格朗日松弛启发式算法。该算法的主要步骤为:(1)根据给定的拉格朗日乘子求解松弛模型的最优解;(2)若第(1)步得到的解不是原模型的可行解,将其可行化。最终,通过模型上界和下界间的相对差值评价算法,差值越小,表明解的质量越高;若差值为0,则为精确最优解。

具体地,在求解式(4-9)的过程中,通过更新拉格朗日乘子逐步更新模型的上界和下界。首先,根据迭代过程中给定的拉格朗日乘子求得松弛模型式(4-14)的最优目标值,将其作为模型的下界,并且下界随着搜索过程的迭代而逐步上升。其次,若松弛模型得到的解满足边际约束,即为原模型式(4-9)的可行解,若求出的解不满足边际约束,嵌入 K 最短路算法将不可行解调整为可行解。可行解所对应的原模型目标值即为模型的当前上界,且上界会随着迭代而逐步下降。下面给出了拉格朗日松弛启发式算法的具体求解步骤。

步骤1:初始化。初始化拉格朗日乘子向量$(\boldsymbol{\alpha}, \boldsymbol{\beta})$,边际约束上限$W^k, k=1,2,\cdots,K$。令$\mu=1$,$\mathrm{UB}_1$为充分大的数或者原模型可行解的目标值,其中$\mu$为算法搜索过程的当前迭代次数,$\mathrm{UB}_\mu$为第$\mu$次迭代的上界。

步骤2:计算下界。

步骤2.1:用标号修正算法求解各场景下的子问题式(4-17)。令子问题式(4-17)在场景s下第μ次迭代的目标值为$\mathrm{SP}_s^\mu, s=1,2,\cdots,S$,可得式(4-12)的目标值为$\sum_{s=1}^{S}\mathrm{SP}_s^\mu$。根据式(4-16)的目标值和给定的拉格朗日乘子向量$(\boldsymbol{\alpha}, \boldsymbol{\beta})$计算松弛模型式(4-14)的目标值$\mathrm{LB}_\mu$,将其作为模型下界。

步骤2.2:判断步骤2.1中子问题式(4-17)得到的解是否可行:如果满足边际约束,则为原模型的可行解。若可行,转至步骤4;若不可行,转至步骤3。

步骤3:调整算法。执行K最短路算法以求解子问题式(4-17),得到前K条最短路径,依次遍历这K条路径直至找到满足边际约束的路径作为原模型式(4-9)的可行解。

步骤4:计算上界。令第μ次迭代得到的可行解集合为R_μ,UB_μ^r表示可行路径r的通行时间,$r \in R_\mu$。令第μ次迭代的上界为最小可行路径通行时间,即

$$\mathrm{UB}_\mu \leftarrow \min\{\mathrm{UB}_{\mu-1}, \min_{r \in R_\mu} \mathrm{UB}_\mu^r\}$$

步骤 5：计算差值。假设模型上界和下界的相对差值为 $\varepsilon = \mathrm{UB}_\mu - \mathrm{LB}_\mu / \mathrm{UB}_\mu$，若 ε 小于预设阈值，表明松弛模型式(4-14)可收敛至近似最优解，转至步骤 7；否则，转至步骤 6。

步骤 6：更新拉格朗日乘子。拉格朗日乘子$(\boldsymbol{\alpha},\boldsymbol{\beta})$的次梯度搜索方向为

$$\nabla L_{\alpha_s^k}(\boldsymbol{\alpha},\boldsymbol{\beta}) = \sum_{(i,j)\in A} x_{ij}^s \cdot w_{ij}^k - W^k$$

$$\nabla L_{\beta_{ij}^s}(\boldsymbol{\alpha},\boldsymbol{\beta}) = x_{ij}^s - x_{ij}^{s+1}, s=1,2,\cdots,S-1$$

$$\nabla L_{\beta_{ij}^S}(\boldsymbol{\alpha},\boldsymbol{\beta}) = x_{ij}^S - x_{ij}^1$$

令$(\boldsymbol{\alpha}^\mu,\boldsymbol{\beta}^\mu)$为第 μ 次迭代的拉格朗日乘子向量，$X_{ij}^{s,\mu}$为子问题式(4-17)在第 μ 次迭代的最优解，其中$X_{ij}^{s,\mu} = \{x_{ij}^{s,\mu} \in \{0,1\}, \forall (i,j) \in A\}, s=1,2,\cdots,S$。则第 $\mu+1$ 次迭代的拉格朗日乘子按如下形式更新：

$$\alpha_s^{k,\mu+1} = \alpha_s^{k,\mu} + \theta_\mu \Big(\sum_{(i,j)\in A} x_{ij}^{s,\mu} \cdot w_{ij}^k - W^k\Big)$$

$$\beta_{ij}^{s,\mu+1} = \beta_{ij}^{s,\mu} + \theta_\mu (x_{ij}^{s,\mu} - x_{ij}^{s+1,\mu}), s=1,2,\cdots,S-1$$

$$\beta_{ij}^{S,\mu+1} = \beta_{ij}^{S,\mu} + \theta_\mu (x_{ij}^{S,\mu} - x_{ij}^{1,\mu})$$

其中，

$$\theta_\mu = \frac{\lambda_\mu (\mathrm{UB}_\mu - \mathrm{LB}_\mu)}{f(x_{ij}^{s,\mu})} \tag{4-19}$$

式(4-19)根据次梯度搜索方向调整拉格朗日乘子，同时称 θ_μ 为步长。步长 θ_μ 在次梯度优化算法中应用广泛，并且 Fisher 已证明该规则具有良好的性能[142]。参数 λ_μ 是满足 $0 < \lambda_\mu < 2$ 的标量，用来调整步长并保证广义费用的非负性。参数 $f(x_{ij}^{s,\mu})$ 是拉格朗日乘子向量$(\boldsymbol{\alpha},\boldsymbol{\beta})$次梯度搜索方向的模，即

$$f(x_{ij}^{s,\mu}) = \Big\{\sum_{s=1}^{S-1}\sum_{(i,j)\in A}(x_{ij}^{s,\mu} - x_{ij}^{s+1,\mu})^2 + \sum_{(i,j)\in A}(x_{ij}^{S,\mu} - x_{ij}^{1,\mu})^2 + \sum_{s=1}^{S}\Big(\sum_{(i,j)\in A}x_{ij}^{s,\mu}\cdot w_{ij}^k - W^k\Big)^2\Big\}^{\frac{1}{2}}$$

步骤 7：终止。若相对差值 ε 小于预设阈值或者迭代次数 $\mu > \mu_{\max}$（$\mu_{\max}$ 是预设的最大迭代次数），算法终止；否则，令 $\mu \leftarrow \mu+1$，转至步骤 2。

为更加清晰地说明拉格朗日松弛启发式算法的求解过程，图 4-2 给出了该算法的流程图。

以上探讨了如何采用拉格朗日松弛启发式算法求解随机约束最短路模型。需要注意的是，随机约束最短路模型式(4-9)可先求出各路段通行时间的均值，再将其转化为确定约束最短路问题。鉴于此，本章提出的随机约束最短路模型也可采用现有求解确定约束最短路模型的有效算法来求解（如 Dumitrescu 和 Boland[143]，Zhu 和 Wilhelm[144]，Lozano 和 Medaglia[145]）。为了充分体现本章所提出算法的有效性，下面将随机约束最短路模型扩展为动态模型。

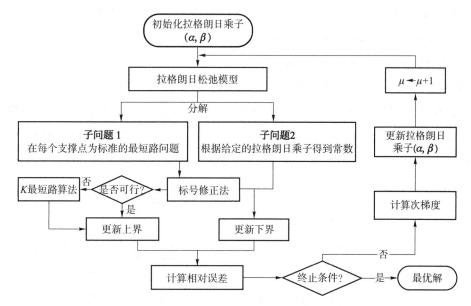

图 4-2 拉格朗日松弛启发式算法流程图

4.4 模型的扩展

在实际城市路网中,路段通行时间不仅具有随机性,而且具有时间相关性。例如,若上午 7:30 发生交通事故导致道路拥堵,则路段通行时间将会增长,并将持续一段时间(例如 15 min)。在事故结束后,该路段通行时间又会恢复至事故发生之前。因此,将路段通行时间看作是随机且时间相关的动态变量是非常必要且有意义的(如 Huang 和 Gao[34],Gao 和 Chabini[43])。下面将随机约束最短路模型扩展为时间相关的动态模型。

为体现交通路网的动态性,将整个时段 T 离散为 M 个时间区间,即 $T=\{t_0,t_0+\sigma,t_0+2\sigma,\cdots,t_0+M\sigma\}$,其中 t_0 表示从起点的出发时刻,M 是充分大的数以保证从 t_0 至 $t_0+M\sigma$ 覆盖了所考虑的整个时段。根据物理网络 $G=(V,A)$ 可在场景 s 下建立时空网络 $G_s=(V_s,A_s)$,对于路段 (i,j),动态路段通行时间 $t^s_{ij\tau\tau'}$ 表示在场景 s 下出行者在时刻 τ 从节点 i 出发至时刻 τ' 到达节点 j,即 $t^s_{ij\tau\tau'}=\tau'-\tau$。因此,动态模型的决策变量需重新定义为

$$y^s_{ij\tau\tau'} = \begin{cases} 1, & \text{在场景 } s \text{ 下从时刻 } \tau \text{ 进入路段}(i,j) \text{ 至时刻 } \tau' \text{ 离开该路段} \\ 0, & \text{否则} \end{cases}$$

下面给出一个简单示例来说明场景 s 下的时空网络。假设整个时段被离散为 8 个时间区间,即 $T=\{t_0,t_0+\sigma,t_0+2\sigma,\cdots,t_0+8\sigma\}$。图 4-3(a)是一个包括 3 个节点和 3 条路段的物理网络,并在相应路段上给出了时间相关的通行时间。图 4-3(b)给出了场景 s 下的时空网络。由于描述该物理网络不会涉及时空网络的所有弧,故右侧时空网络省略了一些不必要

的弧。同时,引入虚拟终点 $D'_{t_0+M\sigma}$ ($M=8$) 表示物理路径的终点。因此,在时空网络中共需添加 $M+1$ 条虚拟时空弧 $(D_t,D'_{t_0+M\sigma}),t\in T$。

为刻画场景 s 下路段通行时间的动态性,图 4-3(b) 给出了出发时刻 t_0、$t_0+\sigma$ 和 $t_0+2\sigma$ 时的 3 条时空路径,并且这 3 条路径用不同类型的线段标记。例如,在时刻 t_0,出行者从节点 a 出发,在 $t_0+\sigma$ 到达节点 b,然后沿时空弧 $(b_{t_0+\sigma},c_{t_0+2\sigma})$ 在 $t_0+2\sigma$ 到达节点 c。同样地,从 t_1 时刻出发的另一条路径为 $a_{t_0}\to c_{t_0+3\sigma}$。在时刻 $t_0+\sigma$,出行者从节点 a 出发,在 $t_0+2\sigma$ 时刻到达节点 b,之后在 $t_0+6\sigma$ 时刻到达节点 c。简便起见,不再对其他时空路径一一详细解释。

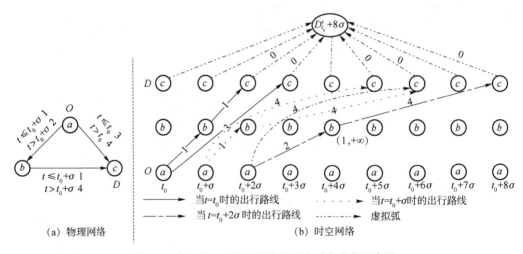

图 4-3 在场景 s 下物理网络扩展为时空网络示意图

在具有动态路段通行时间的随机约束最短路问题中,其目标仍是搜索一条具有最小期望通行时间的路径。因此,可将式(4-9)扩展为时间相关的动态模型,形式如下:

$$\min \sum_{s=1}^{S}\sum_{(i,j)\in A\tau,\tau'\in T} p_s \cdot (\tau'-\tau) \cdot y^s_{ij\tau\tau'}$$

s.t.

$$\sum_{(i_\tau,j_{\tau'})\in A_s} y^s_{ij\tau\tau'} - \sum_{(j_{\tau'},i_\tau)\in A_s} y^s_{ij\tau\tau'} = \begin{cases} 1, & i=O,\tau=t_0 \\ -1, & i=D', \tau=t_0+M\sigma,s=1,2,\cdots,S \\ 0, & \text{否则} \end{cases} \quad (4\text{-}20)$$

$$\sum_{(i,j)\in A} x^s_{ij} \cdot w^k_{ij} \leqslant W^k, s=1,2,\cdots,S, k=1,2,\cdots,K \quad (4\text{-}21)$$

$$\sum_{\tau,\tau'\in T} y^s_{ij\tau\tau'} = x^s_{ij}, \forall (i,j)\in A, s=1,2,\cdots,S \quad (4\text{-}22)$$

$$x^s_{ij} = x^{s'}_{ij} = 0, \forall (i,j)\in A, \forall s,s'\in\{1,2,\cdots,S\} \quad (4\text{-}23)$$

$$y^s_{ij\tau\tau'}\in\{0,1\}, \forall (i,j)\in A, s=1,2,\cdots,S,\tau,\tau'\in T \quad (4\text{-}24)$$

该模型称为动态随机约束最短路模型。在该模型中,第一个约束式(4-20)为流平衡约束;第二个约束式(4-21)为关于物理路段的边际约束,为了建模方便,该约束可映射为关于时空弧的约束式(4-25):

$$\sum_{(i,j)\in A}\sum_{\tau,\tau'\in T} y_{ij\tau\tau'}^s \cdot w_{ij}^k \leqslant W^k, s=1,2,\cdots,S, k=1,2,\cdots,K, \tau,\tau' \in T \qquad (4\text{-}25)$$

第三个约束式(4-22)将时空弧映射至物理路段。第四个约束式(4-23)为唯一路段选择约束。因此,式(4-22)和式(4-23)保证最终得到唯一物理路径。Yang和Zhou[27]详细讨论了如何改写这两个约束,以使该模型易于求解。具体形式如下:

$$\sum_{(\tau,\tau')\in T} y_{ij\tau\tau'}^s - \bar{x}_{ij} \leqslant 0, (i,j)\in A, s=1,2,\cdots,S \qquad (4\text{-}26)$$

$$\frac{1}{S}\sum_{s=1}^{S}\sum_{\tau,\tau'\in T} y_{ij\tau\tau'}^s - \bar{x}_{ij} \leqslant 0, (i,j)\in A \qquad (4\text{-}27)$$

其中,变量 $\bar{x}_{ij} = \frac{1}{S}\cdot\left(\sum_{s=1}^{S} x_{ij}^s\right), (i,j)\in A$,该变量取值为有限集合 $\left\{0,\frac{1}{S},\frac{2}{S},\cdots,1\right\}$。为简化计算,变量 $\bar{x}_{ij}$ 可在连续区间 $[0,1]$ 内取值,即 $\bar{x}_{ij}\in[0,1], (i,j)\in A$。关于式(4-22)和式(4-23)改写为式(4-26)和式(4-27)的具体过程及证明,感兴趣的读者可参考文献Yang和Zhou[27]。

下面分别引入拉格朗日乘子 $\varphi_s^k \geqslant 0, \eta_{ij}^s \geqslant 0$ 及 $\rho_{ij}\in R$ 将复杂约束式(4-25)、式(4-26)和式(4-27)松弛至目标函数中,其中 $s=1,2,\cdots,S, k=1,2,\cdots,K, (i,j)\in A$。松弛后并经过整理的模型如下:

$$\begin{cases} \min \sum_{s=1}^{S}\sum_{(i,j)\in A}\sum_{\tau,\tau'\in T}\left(p_s\cdot(\tau'-\tau)+\sum_{k=1}^{K}\varphi_s^k\cdot w_{ij}^k + \eta_{ij}^s + \frac{\rho_{ij}}{S}\right)y_{ij\tau\tau'}^s - \sum_{(i,j)\in A}\left(\sum_{s=1}^{S}\eta_{ij}^s + \rho_{ij}\right)\bar{x}_{ij} \\ \quad -\sum_{s=1}^{S}\sum_{k=1}^{K}\varphi_s^k \cdot W^k \\ \text{s.t.} \\ \sum_{(i_\tau,j_{\tau'})\in A_s} y_{ij\tau\tau'}^s - \sum_{(j_{\tau'},i_\tau)\in A_s} y_{ij\tau\tau'}^s = \begin{cases} 1, & i=O, \tau=t_0 \\ -1, & i=D', \tau=t_0+M\sigma, s=1,2,\cdots,S \\ 0, & \text{否则} \end{cases} \\ y_{ij\tau\tau'}^s \in\{0,1\}, \bar{x}_{ij}\in[0,1], \forall (i,j)\in A, s=1,2,\cdots,S, \tau,\tau' \in T \end{cases}$$
$$(4\text{-}28)$$

该模型可通过4.3.2节提出的算法框架来求解,首先将式(4-28)分解为3个子问题。

子问题1:

$$\begin{cases} Z_{TD}^1 = \min \sum_{s=1}^{S}\sum_{(i,j)\in A}\sum_{\tau,\tau'\in T}\left(p_s\cdot(\tau'-\tau)+\sum_{k=1}^{K}\varphi_s^k\cdot w_{ij}^k + \eta_{ij}^s + \frac{\rho_{ij}}{S}\right)y_{ij\tau\tau'}^s \\ \text{s.t.} \\ \sum_{(i_\tau,j_{\tau'})\in A_s} y_{ij\tau\tau'}^s - \sum_{(j_{\tau'},i_\tau)\in A_s} y_{ij\tau\tau'}^s = \begin{cases} 1, & i=O, \tau=t_0 \\ -1, & i=D', \tau=t_0+M\sigma, s=1,2,\cdots,S \\ 0, & \text{否则} \end{cases} \\ y_{ij\tau\tau'}^s \in\{0,1\}, \forall (i,j)\in A, s=1,2,\cdots,S, \tau,\tau' \in T \end{cases}$$
$$(4\text{-}29)$$

子问题 2：

$$Z_{\text{TD}}^2 = \max\left\{\sum_{(i,j)\in A}\left(\sum_{s=1}^{S}\eta_{ij}^s + \rho_{ij}\right)\bar{x}_{ij}, \bar{x}_{ij}\in[0,1]\right\} \quad (4\text{-}30)$$

子问题 3：

$$Z_{\text{TD}}^3 = \sum_{s=1}^{S}\sum_{k=1}^{K}\varphi_k^s \cdot W^k \quad (4\text{-}31)$$

具体地，子问题 1 是每个场景下的动态最短路问题，该问题可通过改进标号修正算法求解[146,147]。子问题 2 是具有复合变量的优化问题，可通过将该问题分解为基于每个路段的分段函数 Z_{TD}^{2*} 来求解，则 $Z_{\text{TD}}^2 = \sum_{(i,j)\in A} Z_{\text{TD}}^{2*}$，其中

$$Z_{\text{TD}}^{2*} = \begin{cases} \sum_{s=1}^{S}\eta_{ij}^s + \rho_{ij}, & \text{若}\sum_{s=1}^{S}\eta_{ij}^s + \rho_{ij} \geqslant 0 \\ 0, & \text{否则} \end{cases}$$

根据给定的拉格朗日乘子 φ_s^k 及参数 W^k，子问题 3 为常数。

通过以上分析，动态随机约束最短路模型可通过拉格朗日松弛启发式算法求解。与随机约束最短路模型不同，该动态模型路径通行时间的计算与到达每个节点的时刻相关，因此动态随机约束最短路模型不能通过简单计算路段期望值的方式将该模型转化为确定约束最短路模型，故采用现有求解确定约束最短路模型的算法求解动态随机约束最短路模型是不可行的。

4.5 算 例

本节设计了一系列算例以验证所提出算法的有效性和计算效率。拉格朗日松弛启发式算法由 C 语言编码，在 Microsoft Visual Studio 2008 软件平台上运行。计算机 CPU 为 Intel T7300 @ 2.00 GHz，内存为 4 GB，操作系统为 Windows 7。

4.5.1 简单网络算例

下面用上述提出的随机约束最短路模型及拉格朗日松弛启发式算法求解例 4.1。首先，令边际约束式(4-6)中的路径长度上限 W^1 为 8 km。表 4-5 给出了拉格朗日松弛启发式算法求解模型的前 9 次迭代结果。

在表 4-5 中，LB 和 UB 分别表示当前迭代得到的模型最佳下界及上界，它们之间的相对差值计算如下：

$$差值 = UB - LB$$

$$\text{相对差值} = \frac{\text{UB} - \text{LB}}{\text{UB}} \times 100\%$$

如表 4-5 所示,在第 9 次迭代时,模型的上界与下界重合,因此得到精确最优解 1→3→4,其对应的目标值为 5。该结果与例 4.1 结果相同。

由表 4-5 可知,算法求解过程中,共有 18 个拉格朗日乘子,包括 3 个边际约束乘子和 15 个唯一路段选择约束乘子。其中,拉格朗日乘子 β_{23}^1、β_{23}^2 和 β_{23}^3 在前 3 次迭代中迅速达到近似最优值。特别地,由于路段 2→3 在计算过程中一直未被选择,因此拉格朗日乘子 β_{23}^1 的值保持不变;其余拉格朗日乘子随着每次迭代而不断更新,从而使上下界的相对差值逐渐减小。图 4-4 给出了模型上下界的更新过程。

表 4-5 前 9 次拉格朗日乘子和相对误差的更新过程

参数	1	2	3	4	5	6	7	8	9
α_1^1	3.105 9	0.218 2	0.131 3	0.047 2	0.047 2	0.047 2	0.047 2	0.047 2	0.047 2
α_2^1	3.136 5	0.248 7	0.248 7	0.248 7	0.154 6	0.154 6	0.154 6	0.154 6	0.154 6
α_3^1	3.245 7	0.358 0	0.184 2	0.184 2	0.184 2	0.180 9	0.180 8	0.180 8	0.178 0
β_{12}^1	9.000 3	9.000 3	9.087 2	9.171 3	9.077 2	9.077 2	9.077 2	9.077 2	9.077 2
β_{12}^2	9.169 0	9.169 0	9.082 1	9.082 1	9.176 2	9.172 9	9.172 9	9.172 8	9.170 1
β_{12}^3	9.057 9	9.057 9	9.057 9	8.973 9	8.973 9	8.977 2	8.977 2	8.977 3	8.980 0
β_{13}^1	9.242 6	9.242 6	9.155 7	9.071 6	9.165 7	9.165 7	9.165 7	9.165 7	9.165 2
β_{13}^2	9.175 5	9.175 5	9.262 4	9.262 4	9.168 2	9.171 5	9.171 6	9.171 7	9.174 4
β_{13}^3	9.143 9	9.143 9	9.143 9	9.228 0	9.228 0	9.224 7	9.224 7	9.224 6	9.221 9
β_{23}^1	9.105 0	9.105 0	9.105 0	9.105 0	9.105 0	9.105 0	9.105 0	9.105 0	9.105 0
β_{23}^2	9.268 7	9.268 7	9.181 8	9.181 8	9.181 8	9.181 8	9.181 8	9.181 8	9.181 8
β_{23}^3	9.246 8	9.246 8	9.333 7	9.333 7	9.333 7	9.333 7	9.333 7	9.333 7	9.333 7
β_{24}^1	9.223 9	9.223 9	9.310 8	9.394 9	9.300 8	9.300 8	9.300 8	9.300 8	9.300 8
β_{24}^2	9.052 2	9.052 2	9.052 2	9.052 2	9.146 3	9.143 0	9.143 0	9.142 9	9.140 1
β_{24}^3	9.257 6	9.257 6	9.170 7	9.086 6	9.086 6	9.089 9	9.090 0	9.090 1	9.092 8
β_{34}^1	9.213 1	9.213 1	9.126 2	9.042 1	9.136 2	9.136 2	9.136 2	9.136 2	9.136 2
β_{34}^2	9.154 0	9.154 0	9.154 0	9.154 0	9.059 9	9.063 2	9.063 2	9.063 3	9.066 1
β_{34}^3	9.091 2	9.091 2	9.178 1	9.262 1	9.262 1	9.258 8	9.258 8	9.258 7	9.256 0
LB	−10.000 0	3.985 6	4.744 7	4.744 7	4.958 4	4.988 1	4.988 4	4.989 0	5.000 0
UB	7.000 0	5.000 0	5.000 0	5.000 0	5.000 0	5.000 0	5.000 0	5.000 0	5.000 0
差值	17.000 0	1.014 4	0.255 3	0.255 3	0.041 6	0.011 9	0.011 6	0.011 0	0.000 0
相对差值	242.86%	20.29%	5.11%	5.11%	0.83%	0.24%	0.23%	0.22%	0.00%

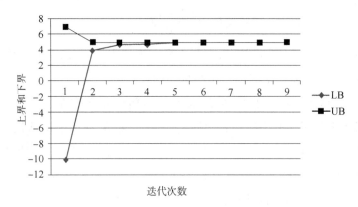

图 4-4 前 9 次迭代中上界和下界的更新过程

表 4-6 给出了解的更新过程。随着拉格朗日乘子的更新,前 8 次迭代的解不断改进,直至第 9 次迭代 3 个场景下均得到了同一条路径 1→3→4,即为最优解。

表 4-6 解的更新过程($W^1 = 8$ km)

	参数	1	2	3	4	5	6	7	8	9
$s=1$	x^1_{12}	1	1	1	0	0	0	0	0	0
	x^1_{13}	0	0	0	1	1	1	1	1	1
	x^1_{23}	1	0	0	0	0	0	0	0	0
	x^1_{24}	0	1	1	0	0	0	0	0	0
	x^1_{34}	1	0	0	1	1	1	1	1	1
$s=2$	x^2_{12}	1	0	0	1	0	0	0	0	0
	x^2_{13}	0	1	1	0	1	1	1	1	1
	x^2_{23}	1	0	0	0	0	0	0	0	0
	x^2_{24}	0	0	0	1	0	0	0	0	0
	x^2_{34}	1	1	1	0	1	1	1	1	1
$s=3$	x^3_{12}	1	1	0	0	1	1	1	1	0
	x^3_{13}	0	0	1	1	0	0	0	0	1
	x^3_{23}	1	1	0	0	0	0	0	0	0
	x^3_{24}	0	0	0	0	1	1	1	1	0
	x^3_{34}	1	1	1	1	0	0	0	0	1

为进一步验证算法的有效性,下面通过改变边际约束的上限来观察计算结果的变化情况。如表 4-7 和表 4-8 所示,在路径长度上限分别为 $W^1 = 7$ km 和 $W^1 = 6$ km 时,计算结果与 $W^1 = 8$ km 时不同。当 $W^1 = 7$ km 时,最优解为 1→2→4,而 $W^1 = 6$ km 时,由于仅有一条路径满足边际约束,因此第一次迭代便得到了最优解 1→2→3→4。上述计算结果与例 4.1

结果一致,表明了模型和算法的有效性。

表 4-7　$W^1 = 7$ km 的计算结果

迭代	LB	UB	差值	相对差值
1	−3.430 0	7.000 0	10.430 0	149.00%
2	1.382 2	7.000 0	5.617 8	80.25%
3	4.011 9	6.000 0	1.988 1	33.14%
4	4.011 9	6.000 0	1.988 1	33.14%
5	4.298 9	6.000 0	1.701 1	28.35%
6	4.873 8	6.000 0	1.126 2	18.77%
7	4.905 4	6.000 0	1.094 6	18.24%
8	4.963 9	6.000 0	1.036 1	17.27%
9	5.361 3	6.000 0	0.638 7	10.65%
10	5.361 3	6.000 0	0.638 7	10.65%
11	5.361 3	6.000 0	0.638 7	10.65%
12	5.406 9	6.000 0	0.593 1	9.89%
13	5.406 9	6.000 0	0.593 1	9.89%
14	5.406 9	6.000 0	0.593 1	9.89%
15	5.719 1	6.000 0	0.280 9	4.68%
16	5.747 5	6.000 0	0.252 5	4.21%
17	5.747 5	6.000 0	0.252 5	4.21%
18	5.838 2	6.000 0	0.161 8	2.70%
19	5.838 2	6.000 0	0.161 8	2.70%
20	5.838 2	6.000 0	0.161 8	2.70%

表 4-8　$W^1 = 6$ km 的计算结果

迭代	LB	UB	差值	相对差值
1	7.000 0	7.000 0	0.000 0	0.00%

4.5.2　中等规模算例

1. Sioux-Falls 网络算例

本算例在 3.3.1 节的 Sioux-Falls 网络上验证解的性质及准确性。该算例中,将路径长度作为有限资源来搜索随机路网中期望时间最短路径。在数据初始化阶段,根据 3.3.1 节给出的路段长度,随机生成基于场景的路段通行时间。假设场景数量为 $S=10$,拉格朗日松弛算法的最大迭代次数 $\mu_{\max}=15$。

由上一小节的讨论可知,边际约束上限的取值不同,得到的最优解也可能不同。下面探讨拉格朗日松弛算法对路径长度上限取值的灵敏度。表 4-9 和表 4-10 分别给出了两组 OD 间的计算结果。如表 4-9 所示,在拉格朗日乘子保持不变的情况下,随着路径长度上限的减小,模型上下界的相对差值逐渐降为 0。而表 4-10 的计算结果未遵循表 4-9 的变化规律,但长度上限的取值仍对计算结果有影响。通过分析表 4-9 和表 4-10 中两组实验的迭代过程可知,如果潜在最优路径不仅具有最小通行时间,而且具有最小路径长度,计算结果将遵循表 4-9 的规律;否则,计算结果将可能不遵循此规律。另外,这两组实验的运行时间均在 9 s 以内,其中每组最后一个实验仅用时 1 s,这是由于迭代一次便得到了最优解。

表 4-9 在 OD 对 1→20 间取不同路径长度的实验结果

长度(W^1)	LB	UB	差值	相对差值	运行时间/s
24	26.546 2	28.300 2	1.754 0	6.20%	6
23	27.136 8	28.300 2	1.163 4	4.11%	7
22	27.357 6	28.300 2	0.942 6	3.33%	9
21	27.760 5	28.300 2	0.539 7	1.91%	7
20	28.300 2	28.300 2	0.000 0	0.00%	1

最优解:1→3→4→5→9→10→17→19→20

表 4-10 在 OD 对 1→24 间取不同路径长度的实验结果

长度(W^1)	LB	UB	差值	相对差值	运行时间/s
29	26.877 8	28.700 0	1.82	6.35%	6
28	26.746 3	28.700 0	1.95	6.81%	7
27	25.272 4	28.700 0	3.42	11.94%	6
26	28.009 0	28.700 0	0.69	2.41%	7
25	28.700 0	28.700 0	0.00	0.00%	1

最优解:1→3→4→11→14→23→24

2. 北京城市快速路网算例

在上述实验中仅考虑了一个边际约束,本组实验将考虑两个边际约束(长度约束和油耗约束)来进一步验证算法的适用性。该组实验以北京城市快速路网为例(如图 3-8 所示),其路段通行时间、长度以及油耗均为模拟数据。如表 4-11 所示,根据路段长度将该路网中的路段分为 9 类,路段通行时间在给定区间内随机生成;路段长度及油耗为固定值,但考虑到每类路段间的长度差异,因此令路段长度及油耗取给定区间内的某一固定值。例如,路段 55→68 的随机通行时间在区间[3,7]内随机生成,路段长度及油耗分别取区间[4,5]和 [0.4,0.5]内的数值 4 和 0.5。下面从不同 OD 对和不同场景数量两方面检验算法的稳定性和稳健性。

表 4-11 各路段权重的随机生成区间

分类	通行时间/min	长度/km	油耗/L	路段
1	[3,7]	[4,5]	[0.4,0.5]	55⇌68,72⇌74,110⇌111,114⇌115
2	[4,8]	[5,6]	[0.5,0.6]	51⇌55,80⇌83,93⇌94,122⇌123
3	[5,10]	[6,7]	[0.6,0.7]	19⇌24,24⇌29,68⇌69,70⇌72, 74⇌76,92⇌93,101⇌102,109⇌110, 116⇌117,116⇌121,120⇌121
4	[6,11]	[7,8]	[0.7,0.8]	94⇌95,95⇌97,107⇌108
5	[8,13]	[9,10]	[0.9,1.0]	7⇌8,15⇌19,43⇌48, 69⇌70,76⇌78
6	[9,14]	[10,11]	[1.0,1.1]	8⇌15,29⇌34,34⇌38,78⇌80, 85⇌86,91⇌92
7	[12,17]	[11,12]	[1.1,1.2]	38⇌43,49⇌50
8	[20,30]	[17,18]	[1.7,1.8]	7⇌48
9	[2,6]	[2,3]	[0.2,0.3]	其他

(1)不同 OD 间的实验结果

表 4-12 给出了 10 个 OD 间的最优解和模型上下界间的相对差值。由该表可知,所有相对差值均小于 7%,其中 8 个相对差值在 5%以内;在给定路径长度和油耗上限的情况下,若 OD 间的潜在最优路径有较小的通行时间及较大的长度和油耗,得到的相对差值将会较大。以表 4-12 的第二个实验为例,表 4-13 列出了该实验在计算过程中涉及的 11 条不重复可行路径。如表 4-13 所示,最优路径(加粗)具有最小期望通行时间,然而它的路径长度和油耗都较大,则导致较大的相对差值 5.54%。另外,以表 4-12 的第 6 个算例为例,最优路径(加粗)同时具有较小的通行时间、长度及油耗,则得到较小的相对差值 3.64%(如表 4-14 所示)。

表 4-13 和表 4-14 中的符号含义如下。

- 可行路径:150 条可行路径中的非重复路径(由于算法迭代 15 次,且每次迭代中路段通行时间的场景数量为 10,因此最终生成 150 条可行路径,但其中一些路径是重复的)。

- E：可行路径的期望通行时间。
- L：可行路径的长度。
- F：可行路径的油耗。

表 4-12　不同 OD 对的实验结果

实验	OD 对 & 最优路径	LB	UB	相对差值	路径长度	油耗
1	1→83	56.853 8	57.700 0	1.47%	37	4.5
	1→2→3→4→5→6→7→48→49→83					
2	8→113	51.130 5	54.100 0	5.54%	40	4.42
	8→57→56→55→51→87→86→103→102→101→100→99→113					
3	50→94	41.784 1	41.800 0	0.04%	30	3.47
	50→49→83→84→98→96→95→94					
4	15→102	44.706 2	45.600 0	1.96%	27	3.34
	15→66→65→61→68→91→107→120→119→118→117→102					
5	72→80	29.584 1	30.800 0	3.95%	24	2.66
	72→93→94→95→96→98→80					
6	61→112	38.102 7	39.400 0	3.29%	30	3.64
	61→68→91→92→109→110→111→112					
7	56→95	44.127 8	46.400 0	4.90%	35	3.54
	56→55→51→50→86→85→84→98→96→95					
8	7→123	48.716 8	50.500 0	3.53%	37	4.2
	7→54→53→52→51→87→104→118→117→116→115→114→123					
9	39→90	48.411 9	50.900 0	4.89%	44	4.74
	39→38→79→78→95→94→93→92→91→90					
10	19→80	48.181 1	51.500 0	6.44%	31	3.82
	19→71→70→92→109→122→123→111→112→113→99→98→80					

表 4-13　OD 对 8→113 的实验结果

	可行路径	E	L	F
1	8→57→56→55→90→88→87→86→85→84→98→96→113	58.0	38	4.21
2	8→57→56→55→51→50→49→83→84→98→96→113	57.1	40	4.25
3	8→57→56→55→90→106→105→104→103→102→101→100→99→113	56.1	38	4.25
4	8→57→56→55→90→106→105→104→118→117→102→101→100→99→113	58.6	39	4.46
5	8→57→56→55→90→88→87→86→103→102→101→100→99→113	56.4	38	4.38
6	8→57→56→55→90→106→105→119→118→117→102→101→100→99→113	58.3	40	4.33

续表

	可行路径	E	L	F
7	8→57→56→55→90→88→87→86→85→84→100→99→113	58.0	39	4.10
8	8→57→56→55→51→87→86→85→84→98→96→113	55.7	40	4.25
9	8→57→56→55→90→91→107→120→121→122→123→111→112→113	59.3	40	4.29
10	**8→57→56→55→51→87→86→103→102→101→100→99→113**	54.1	40	4.42
11	8→57→56→55→51→50→49→83→84→98→99→113	56.9	40	4.38

表 4-14 OD 对 6→112 的实验结果

	可行路径	E	L	F
1	61→68→91→107→108→109→110→111→112	40.7	30	3.64
2	61→68→91→92→109→122→123→111→112	42.7	29	3.60
3	61→68→91→107→120→121→122→123→114→112	43.1	31	3.59
4	61→68→91→107→108→109→122→111→112	44.0	29	3.60
5	61→68→91→107→120→121→122→123→111→112	43.0	29	3.48
6	**61→68→91→92→109→110→111→112**	39.4	30	3.64
7	61→68→91→107→120→121→116→115→114→112	41.6	34	4.15
8	61→68→91→107→108→109→122→114→112	44.1	31	3.71
9	61→68→91→92→108→109→110→111→112	42.1	33	3.90
10	61→68→69→70→92→109→110→111→112	46.8	35	4.17
11	61→68→91→92→93→94→110→111→112	43.3	36	4.22

(2) 不同场景的计算结果

下面以 OD 对 7→123 为例验证不同场景数量下算法的稳定性和计算效率。图 4-5 给出了场景数量分别为 5、10、15、20、25 及 30 时拉格朗日松弛算法的运行时间。由该图可知,计算时间随场景数量的增多呈线性增长趋势,表明场景数量对算法的计算效率有很大影响。这是由于在算法迭代过程中,最消耗时间的环节是计算不同场景下的最短路径。经计算,算法迭代过程中每个场景下的计算时间为 0.14~0.22 s。

4.5.3 大规模算例

本节将采用具有 933 个节点和 2 950 条路段的大规模网络算例(Chicago Sketch 网络,如图 4-6 所示)来验证所提出算法的有效性。该网络已被相关学者用来检验路径选择方法的有效性(如 Nie 和 Wu[4],Tong 和 Zhou[148])。

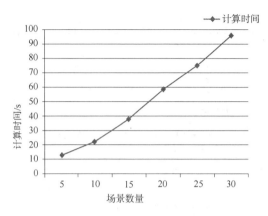

图 4-5　不同场景数量下的计算时间

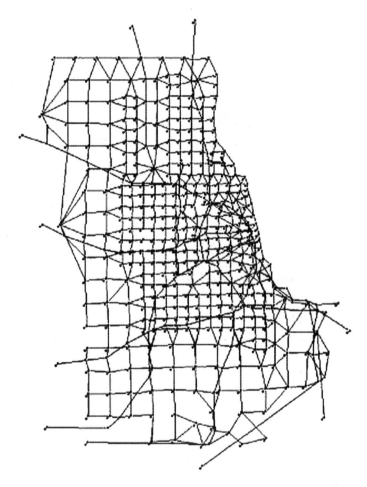

图 4-6　Chicago Sketch 网络

该实验以路径长度作为资源约束,假设场景数量为 10。随机路段通行时间根据从 NEXTA 软件中(https://github.com/xzhou99/dtalite_software_release)提取的实际路段长度和行驶速度计算得到。该算法以随机路段通行时间及路段长度作为输入数据,在迭代次数达到 15 次或者相对差值小于 0.001% 时算法结束。

1. 随机约束最短路模型的实验结果

表 4-15 给出了 20 组实验的相关信息,包括起点、终点、相对差值及计算时间。由计算结果可知,模型上下界的相对差值在 0.67% 至 7.86% 间变化,其平均值为 3.559%。该实验结果表明了所提算法求解大规模随机约束最短路问题的有效性和精确性。另外,表 4-15 的第 5 列分别给出了 20 个 OD 对的计算时间,这 20 个实验的平均计算时间为 281.5 s,表明算法求解大规模随机约束最短路问题的高效性。

为进一步探讨算法的性能,针对表 4-15 中的实验 2,图 4-7 给出了近似最优解的求解过程,即模型上下界的更新过程,同时在图 4-7 的右侧列出了上下界的具体数值。由该图可知,拉格朗日松弛算法通过不断迭代来提高解的质量,并在第三次迭代找到近似最优解,上下界间的相对差值为 4.96%。

表 4-15 随机约束最短路模型的计算结果

实验	起点	终点	相对差值(%)	计算时间/s
1	860	669	1.22	273
2	574	706	4.96	289
3	902	842	7.86	290
4	907	836	7.18	280
5	801	397	0.97	298
6	915	761	6.40	254
7	549	691	3.32	283
8	921	752	1.15	271
9	918	805	1.73	278
10	551	615	4.48	282
11	534	579	0.67	274
12	918	741	3.73	277
13	634	565	5.56	271
14	450	580	4.56	302
15	624	433	3.32	276
16	681	592	1.92	293
17	638	578	1.59	296
18	639	570	5.37	276
19	458	816	2.62	278
20	442	849	2.57	289
平均值			3.559	281.5

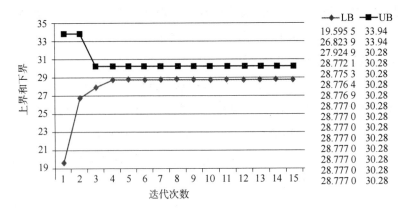

图 4-7 上界和下界的更新过程

2. 动态随机约束最短路模型的实验结果

通常情况下,在高峰时段路段通行时间随时间而动态变化。因此,本实验选取早高峰时段 8:00—8:30,并以 15 s 为单位增长区间,将该时段离散为 120 个区间。

下面选取 15 组不同的 OD 对,采用拉格朗日松弛算法求解动态随机约束最短路模型。表 4-16 给出了 15 组实验的上下界相对差值和计算时间。每组实验的相对差值均可收敛至较小值(10%以内),其中 13 组实验的(大约 87%)相对差值在 5%以内。结果表明,所提出的算法能够求得大规模动态随机约束最短路问题的近似最优解。另外,这 15 组实验的平均计算时间为 615.3 s。由于动态最短路问题比经典最短路问题求解复杂,因此动态随机约束最短路模型的平均计算时间是随机约束最短路问题的两倍多。

表 4-16 随机动态约束最短路模型的计算结果

实验	起点	终点	相对差值(%)	计算时间/s
1	860	669	4.94	646
2	574	706	4.90	598
3	907	836	9.66	607
4	801	397	0.20	630
5	915	761	7.91	597
6	549	691	2.28	630
7	921	752	3.45	600
8	918	805	1.39	587
9	450	580	3.52	633
10	624	433	3.40	671
11	681	592	2.18	634
12	638	578	2.43	628

续表

实验	起点	终点	相对差值(%)	计算时间/s
13	639	570	3.20	596
14	458	816	2.49	597
15	442	849	1.20	575
平均值			3.543	615.3

4.6 本章小结

在随机路网环境下,当出行者不仅要求通行时间短,而且出行不能超过一些资源预算时,本章探讨了具有随机路段通行时间的约束最短路问题。主要贡献如下。

(1) 本章首先提出了随机约束最短路问题。虽然诸多学者已广泛研究随机最短路问题和约束最短路问题,但至今几乎没有相关学者研究随机环境下的约束最短路问题。本质上是由于约束最短路问题为 NP 难问题,若再同时考虑路段通行时间的随机性,计算难度将会增大。

(2) 针对随机约束最短路问题,建立了 0-1 整数规划模型以搜索期望通行时间最短的先验路径。在建模过程中,引入了唯一路段选择约束从而保证最终生成唯一路径。

(3) 设计了拉格朗日松弛启发式算法求解随机约束最短路问题。本章采用拉格朗日松弛方法将复杂约束松弛至目标函数中,并将松弛模型分解为两个子问题:一个子问题可转化为经典最短路问题;另一个子问题根据给定的拉格朗日乘子可看作为常数。最后,采用拉格朗日松弛启发式算法逐步缩小上下界间的差值,以得到高质量近似最优解,并嵌入 K 最短路算法将不可行解调整为可行解。

(4) 将随机约束最短路模型扩展为时间相关的动态模型。动态模型的路径生成与到达中间节点的时间相关,因此该模型不能用现有求解经典约束最短路模型的算法求解。最后,采用大规模算例验证了拉格朗日松弛算法求解动态模型的效率和有效性。

第 5 章 随机疏散路径规划模型及求解算法

现实生活中,洪水、地震、飓风及恐怖袭击等突发事件可能会威胁人们的生命安全。一般情况下,当突发事件发生时,群众通常无法确定安全可靠的疏散路径。例如,2016 年我国南方部分地区爆发了特大洪水,在洪水来临时,受灾群众往往不知道灾难的发展形势以及哪条路径安全可靠,从而造成不必要的人员伤亡。鉴于此,如果决策者能预先为受灾群众提供一条到达安全区域的稳健可靠路径,即可减少人员伤亡。

一般地,疏散过程所需的时间是评价应急管理的重要指标,通常包括三部分[98]:(1)意识到灾难发生的时间(意识时间);(2)决定是否转移的时间(决策时间);(3)转移至安全区域的时间(疏散时间)。图 5-1 给出了上述疏散过程的主要时间构成。由于前面两部分时间很大程度上会受到个人因素影响,较难准确估计。因此,现有文献讨论的疏散时间大多是指第三部分时间。鉴于此,本章同样采用第三部分时间(即转移至安全区域的时间)作为疏散过程的时间。

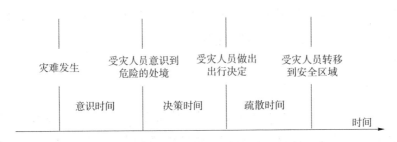

图 5-1 疏散过程的时间组成部分

实际上,由于很难预测灾难等级及其对交通路网产生的影响,因此在疏散过程中路段通行时间和通行能力具有很强的不确定性。此外,在确定合理的疏散方案时,除需要考虑疏散时间外,决策者往往还需考虑疏散路径长度、疏散路径所包含的路段数量等,从而构成疏散过程的边际约束。因此,本章将在第 4 章构建的随机约束最短路模型的基础上,建立边际约束条件下的多车辆协同疏散路径规划模型,并设计求解模型的高效算法。

5.1 问题描述

下面将以洪灾为背景详细介绍本章所研究的疏散路径规划问题。为了描述方便,图5-2给出了疏散路网的示意图,其中下方云朵区域代表受灾区域,上方圆圈环代表安全区域,线段则表示道路。当突发事件发生时,假定受灾人员在紧急疏散之前均可收到预警信息,并且在疏散过程中,所有人员以车辆为单位从受灾区域转移。为了建模方便,各辆车将作为独立个体(Agent)进行疏散。该问题需为每个个体规划一条可靠疏散路径,从而使得整个过程实现有序化。

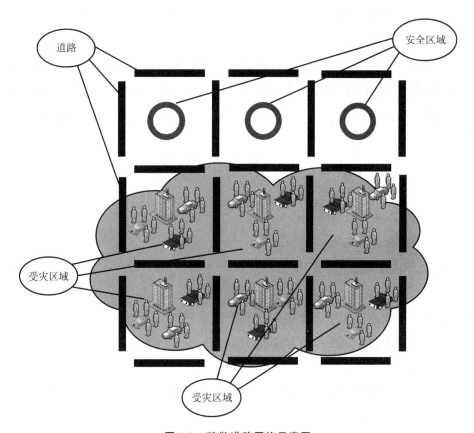

图5-2 疏散道路网络示意图

通常情况下,突发事件对路网的破坏程度可划分为不同等级。随着灾害强度的增加,路网破坏等级也将逐步增高,从而导致路段通行时间的增加和路段通行能力的降低。为了刻画方便,本章将各破坏等级处理为不同的随机场景,将各等级下的路段通行时间和通行能力处理为基于场景的离散随机变量。基于此,将采用随机场景优化思想,为疏散路径优化问题建立基于不同准则的随机规划模型,以生成可靠疏散方案。

需要说明的是,与文献上的其他工作相比(如 Miller-Hooks 和 Sorrel[17],Ng 和 Waller[115],Ng 和 Lin[116],Li 和 Ozbay[117]),本章工作在随机性刻画、建模方法和约束处理上均具有不同的特点。

(1) 随机性表示方法。文献上,Miller-Hooks 和 Sorrel[17],Li 和 Ozbay[117],Ng 和 Waller[115],Ng 和 Lin[116]等采用概率分布函数和矩信息表示交通系统的随机性,这种表示方法相对复杂,处理较为困难;而本章采用基于场景的随机变量来表示路段通行时间和通行能力的随机性,数据表示方式简单。

(2) 建模方法不同。文献 Ng 和 Waller[115],Ng 和 Lin[116],Li 和 Ozbay[117]均采用基于元胞传输的模型刻画疏散过程,而本章则通过将受灾人员分派到车辆,并将各车辆处理为独立个体,建立了三类基于不同准则的疏散路径规划模型,所提模型可用商业优化软件或基于拉格朗日松弛的启发式算法求解。

(3) 边际约束处理。现有文献所建立的疏散规划模型中均未考虑路径的边际约束。而在实际疏散过程中,决策者除考虑疏散时间外,往往还需关注其他相关因素,例如疏散路径的长度、费用等。因此,本章进一步考虑了边际约束,弥补了现有疏散规划模型的不足。

5.2 模型的建立

本节将对突发事件下疏散路径优化问题建立严格的数学模型。为了建模方便,下面首先给出若干必要假设。

假设 1:由于车辆性能及人员对灾难的反应时间的不同,假设各车辆具有其对应的路段通行时间。

假设 2:各 OD 间可能存在一个或多个疏散车辆,假设同一 OD 间的疏散车辆可选择不同的路径。例如,车辆 1 和车辆 2 在同一 OD 间疏散,可安排车辆 1 行驶一条路径,车辆 2 行驶另一条不同路径。

假设 3:由于突发事件对道路的破坏程度难以预测,因此假设路段通行时间及通行能力均为基于场景的离散随机变量。

基于上述假设,本章将在第 4 章给出的随机网络中考虑随机疏散路径规划问题。假设每辆车 k 具有独立的起点 O_k 和终点 D_k,$k=1,2,\cdots,K$,且每辆车 k 的路段通行时间是一个具有有限场景的离散随机变量。参数 t_{ij}^{ks} 表示在场景 $s(s=1,2,\cdots,S)$ 下,车辆 k 在路段 (i,j) 的通行时间,每个场景的发生概率为 $p_s\left(\sum_{s=1}^{S} p_s = 1\right)$。每条路段的通行能力也为基于场景的随机变量,参数 u_{ij}^s 表示场景 s 下路段 (i,j) 的通行能力。此外,对于每辆车 k,每条路段的资源权重为 w_{ij}^{kl},且边际约束上限为 W^{kl},$l=1,2,\cdots,L$。本书拟在上述随机网络中为突发事件发生情况下的受灾人员制定先验疏散方案。

下面给出随机疏散路径规划问题建模过程中所需的参数和变量定义。

- V：节点集合。
- A：路段集合。
- i,j：节点，$i,j \in A$。
- (i,j)：有向路段集合，$(i,j) \in A$。
- s：场景。
- S：场景数量。
- k：车辆。
- K：车辆数量。
- l：边际约束。
- L：边际约束数量。
- u_{ij}^s：路段(i,j)在场景s的通行能力。
- t_{ij}^{ks}：场景s下车辆k在路段(i,j)的通行时间。
- p_s：场景s的发生概率。
- w_{ij}^{kl}：车辆k在路段(i,j)的第l个资源权重。
- W^{kl}：车辆k的第l个资源上限。

决策变量

$$x_{ij}^{ks} = \begin{cases} 1 & \text{对于车辆}k\text{,若路段}(i,j)\text{在场景}s\text{下被选择} \\ 0 & \text{否则} \end{cases}$$

5.2.1 系统约束

在疏散路径规划问题的建模过程中，需考虑流平衡约束、通行能力约束、边际约束、唯一路段选择约束和二元变量约束等系统约束。下面对相关系统约束作详细介绍。

1. 流平衡约束

在疏散过程中，每辆车对应于单一OD对，为保证各场景下所选择的路段构成一条完整路径，建立流平衡约束如下：

$$\sum_{(i,j) \in A} x_{ij}^{ks} - \sum_{(j,i) \in A} x_{ji}^{ks} = \begin{cases} 1, & i = O_k \\ -1, & i = D_k \\ 0, & \text{否则} \end{cases}, \quad k=1,2,\cdots,K, s=1,2,\cdots,S \quad (5\text{-}1)$$

2. 通行能力约束

在路径选择过程中，需考虑每条路段的通行能力以保证疏散效率并降低拥堵。因此，每条路段在各场景下的通行能力约束表示如下：

$$\sum_{k=1}^{K} x_{ij}^{ks} \leqslant u_{ij}^{s}, \forall (i,j) \in A, s = 1,2,\cdots,S \tag{5-2}$$

该组约束等价于 $\Pr\left(\sum_{k=1}^{K} x_{ij}^{ks} \leqslant u_{ij}^{s}\right) = 1$。下面通过引入概率置信度 $\eta \in (0,1]$ 松弛该组约束，即式(5-2)可转换为 $\Pr\left(\sum_{k=1}^{K} x_{ij}^{ks} \leqslant u_{ij}^{s}\right) \geqslant \eta$，表示在路段 (i,j) 上车辆的数量以不小于 η 的置信度小于该路段的通行能力。参数 η 表示可根据决策者喜好决定的风险程度，即较小的 η 将生成高风险的疏散方案，因此风险规避者喜欢设置较大的 η。

3. 边际约束

在考虑路径资源约束时，可用参数 w_{ij}^{kl} 表示车辆 k 在路段 (i,j) 的第 l 个资源权重，$k=1,2,\cdots,K, l=1,2,\cdots,L$。路径的资源权重等于该路径所包括路段的资源权重之和。本组约束要求构成路径的所有路段资源权重之和小于或等于路径资源上限。因此，边际约束可描述如下：

$$\sum_{(i,j) \in A} x_{ij}^{ks} \cdot w_{ij}^{kl} \leqslant W^{kl}, s=1,2,\cdots,S, k=1,2,\cdots,K, l=1,2,\cdots,L \tag{5-3}$$

4. 唯一路段选择约束

在基于场景的随机路网中，需为每辆车寻找唯一最优路径，即在各场景下选择相同的路段构成唯一路径。在数学建模中，要求决策变量 $x_{ij}^{ks}, \forall (i,j) \in A, s=1,2,\cdots,S, k=1,2,\cdots,K$ 在不同场景下的取值相同。因此，唯一路段选择约束表示如下：

$$x_{ij}^{ks} - x_{ij}^{ks'} = 0, \forall (i,j) \in A, \forall s,s' \in \{1,2,\cdots,S\}, k=1,2\cdots,K \tag{5-4}$$

5. 二元变量约束

决策变量 x_{ij}^{ks} 可用如下二元变量约束表示：

$$x_{ij}^{ks} \in \{0,1\}, \forall (i,j) \in A, k=1,2,\cdots,K, s=1,2,\cdots,S \tag{5-5}$$

5.2.2 目标函数

该模型的目标是制定先验疏散方案，即为突发事件发生情况下的受灾人员提供既定疏散路径。下面通过考虑决策者对疏散方案可靠性的不同需求，提出以下3种目标函数。

1. 极小-极大化可靠性目标函数

假设共有 S 个场景的路段通行时间样本数据。若决策者试图寻找所有场景下最可靠的疏散方案以使决策风险尽可能低，则可采用极小-极大化算子求解该问题。下面定义每个场景下的总疏散时间为

$$E(X,s) = \sum_{k=1}^{K} \sum_{(i,j) \in A} t_{ij}^{ks} \cdot x_{ij}^{ks}, s=1,2,\cdots,S \tag{5-6}$$

因此,所有场景下的最大疏散时间为

$$E_{\max}(X) = \max_{1 \leqslant s \leqslant S} E(X,s) \tag{5-7}$$

接下来通过极小化最大疏散时间以得到决策风险低的疏散方案,极小-极大化目标函数为

$$\min \max_{1 \leqslant s \leqslant S} \sum_{k=1}^{K} \sum_{(i,j) \in A} t_{ij}^{ks} \cdot x_{ij}^{ks} \tag{5-8}$$

显然,目标函数式(5-8)是最小化所有场景的最大疏散时间。因此,该目标函数是现实应用中一种保守的决策方法。此外,由于该目标函数是非线性的,为便于求解,引入辅助变量 f_X 将其转换为如下线性函数:

$$\begin{cases} \min f_X \\ \text{s. t.} \sum_{k=1}^{K} \sum_{(i,j) \in A} t_{ij}^{ks} \cdot x_{ij}^{ks} \leqslant f_X, s=1,2,\cdots,S \end{cases} \tag{5-9}$$

2. 百分位可靠性目标函数

百分位可靠性目标函数是为了生成与概率置信度相关的疏散方案。为更加清晰地刻画该函数,首先给出随机变量关键值的定义。

定义 5.1[2]　令 ξ 为随机变量,$\theta \in (0,1]$ 为概率置信度,则 ξ 的 θ 关键值定义如下:

$$\xi_{\inf}(\theta) = \inf\{f \mid \Pr\{\xi \leqslant f\} \geqslant \theta\}$$

命题 5.1　假设 ξ 为离散随机变量,其实现值为 $\bar{\xi}_s$,对应的概率为 $p_s, s=1,2,\cdots,S$。若 $\bar{\xi}_1 \leqslant \bar{\xi}_2 \leqslant \cdots \leqslant \bar{\xi}_S$,则 $\xi_{\inf}(\theta) = \bar{\xi}_{r'}$,其中 $r' = \min\{r \mid \sum_{s=1}^{r} p_s \geqslant \theta\}$。

总疏散时间函数 $E(X,s)$ 本质上是离散随机变量,因此可用该函数的 θ 关键值评价疏散方案。百分位可靠性目标函数表示如下:

$$\min f_X, \text{其中} \Pr\left(\sum_{k=1}^{K} \sum_{(i,j) \in A} t_{ij}^{ks} \cdot x_{ij}^{ks} \leqslant f_X\right) \geqslant \theta, s=1,2,\cdots,S \tag{5-10}$$

式(5-10)的目标是极小化随机总疏散时间的关键值。目标值最优表示基于场景的总疏散时间至少以 θ 的概率置信水平小于最优值。因此,参数 θ 表示决策者对风险规避的程度。

另外,由于式(5-10)为非线性函数,为降低计算复杂性,引入二元变量 y_s 和参数大 M 将其转换为如下线性形式:

$$\min f_X$$

s. t.

$$\sum_{k=1}^{K} \sum_{(i,j) \in A} t_{ij}^{ks} \cdot x_{ij}^{ks} \leqslant f_X + y_s \cdot M, s=1,2,\cdots,S \tag{5-11}$$

$$\sum_{s=1}^{S} p_s \cdot y_s \leqslant 1-\theta$$

$$y_s \in \{0,1\}, s=1,2,\cdots,S$$

3. 期望负效用目标函数

基于 Von Neumann 和 Morgenstern[149]提出的经济风险决策理论,可通过最小化总疏散时间的期望负效用得到疏散方案。具体地,令 $d(X,s)$ 表示总疏散时间在场景 s 下的负效用,即 $d(X,s)=d(E(X,s))$,其中 $d(\cdot)$ 表示负效用函数。$D(X,s)$ 表示总疏散时间的期望负效用:

$$D(X,s) = \sum_{s=1}^{S} p_s \cdot d(E(X,s))$$

以正比例负效用函数 $d_1(x)=\kappa x, x\in R$ 和指数负效用函数 $d_2(x)=\exp(\kappa x), x\in R$ 为例,总疏散时间在场景 s 下的负效用可表示为

$$d_1(x) = d_1(E(X,s)) = \kappa \cdot E(X,s)$$
$$d_2(x) = d_2(E(X,s)) = \exp(\kappa \cdot E(X,s))$$

它们的期望负效用为

$$D_1(X,s) = \sum_{s=1}^{S} p_s \cdot d_1(E(X,s)) = \sum_{s=1}^{S} p_s \cdot \kappa \cdot E(X,s)$$

$$D_2(X,s) = \sum_{s=1}^{S} p_s \cdot d_2(E(X,s)) = \sum_{s=1}^{S} p_s \cdot \exp(\kappa \cdot E(X,s))$$

期望负效用越小,表示疏散方案越好。因此,最小化期望负效用的目标函数可表示如下:

$$\min D(X,s) = \sum_{s=1}^{S} p_s \cdot d(E(X,s)) \tag{5-12}$$

其中,$d(\cdot)$ 是负效用函数。

值得注意的是,可将疏散时间本身看作负效用函数的特例,即 $d(E(X,s))=E(X,s)$。因此,目标函数式(5-12)可改写为以极小化期望总疏散时间为目标的函数:

$$\min D(X,s) = \sum_{s=1}^{S} \sum_{k=1}^{K} \sum_{(i,j)\in A} p_s \cdot t_{ij}^{ks} \cdot x_{ij}^{ks} \tag{5-13}$$

5.2.3 示例说明

本节举例说明目标函数分别为式(5-9)、式(5-11)和式(5-13)时疏散路径规划模型的具体决策过程。图 5-3 所示为一个包含 5 个节点和 7 条路段的简单交通网络。假设 5 辆车在两个 OD 间疏散,其中车辆 1 和 3 在 OD 2→3 疏散,车辆 2、4 和 5 在 OD 1→5 疏散。同时,假设考虑一种路径资源约束,且灾难分为三个等级,即场景数量为 3,发生的概率为 $p_1 = p_2 = p_3 = 1/3$。表 5-1 给出了每辆车在各场景下的路段通行时间、通行能力和资源,且表 5-2 给出了每个 OD 间的车辆及有效路径。

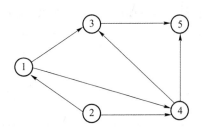

图 5-3 交通网络示例

表 5-1 路段参数(单位:min)

			路段						
			(1,3)	(1,4)	(2,1)	(2,4)	(3,5)	(4,3)	(4,5)
	通行能力	$s=1$	4	4	3	2	4	3	4
		$s=2$	3	3	2	2	3	2	3
		$s=3$	3	2	1	2	3	2	2
车辆1	通行时间	$s=1$	2	4	3	2	2	2	2
		$s=2$	2	5	3	3	2	4	2
		$s=3$	3	5	5	5	3	5	2
	资源		0.10	0.20	0.15	0.20	0.20	0.15	0.15
车辆2	通行时间	$s=1$	2	2	2	2	3	3	2
		$s=2$	2	4	2	3	3	4	2
		$s=3$	3	5	3	3	4	4	4
	资源		0.20	0.20	0.20	0.15	0.15	0.15	0.10
车辆3	通行时间	$s=1$	2	5	2	2	2	1	2
		$s=2$	3	5	2	5	2	3	3
		$s=3$	5	5	4	5	3	3	3
	资源		0.20	0.20	0.10	0.15	0.20	0.25	0.15
车辆4	通行时间	$s=1$	2	3	2	2	2	3	2
		$s=2$	4	4	2	2	2	4	3
		$s=3$	4	4	3	2	4	4	3
	资源		0.20	0.20	0.10	0.15	0.25	0.25	0.10
车辆5	通行时间	$s=1$	2	3	2	3	2	3	2
		$s=2$	2	3	2	3	3	4	4
		$s=3$	3	4	3	3	4	4	4
	资源		0.10	0.30	0.20	0.15	0.20	0.20	0.20

表 5-2　每个 OD 对间的车辆和有效路径

OD 对	车辆	有效路径
2→3	1,3	2→1→3
		2→4→3
		2→1→4→3
1→5	2,4,5	1→3→5
		1→4→5
		1→4→3→5

由表 5-1 可知,路段通行时间随路网破坏等级的升高而增长,同时路段通行能力随等级的升高而降低,该假定恰好与现实情况相符。由表 5-1 和表 5-2 中的相关数据可计算出 5 辆车的路径通行时间、期望路径通行时间和路径资源(如表 5-3 所示)。假设 5 辆车的路径资源上限分别为 0.35、0.35、0.40、0.40 和 0.30。显然,这 3 个疏散路径规划模型为整数/混合整数规划模型,因此可用 LINGO 求解器有效求解。

表 5-3　三条路径的通行时间和资源

	路径	通行时间			期望通行时间	资源
		$s=1$	$s=2$	$s=3$		
车辆 1	2→1→3	5	5	8	6.00	0.25
	2→4→3	4	7	10	7.67	0.35
	2→1→4→3	11	12	15	12.67	0.50
车辆 2	1→3→5	5	5	7	5.67	0.35
	1→4→5	4	6	9	6.33	0.30
	1→4→3→5	8	11	13	10.67	0.55
车辆 3	2→1→3	4	5	9	6.00	0.30
	2→4→3	3	8	8	6.33	0.40
	2→1→4→3	8	10	12	10.00	0.55
车辆 4	1→3→5	4	6	8	6.00	0.45
	1→4→5	5	7	7	6.33	0.30
	1→4→3→5	8	10	12	10.67	0.70
车辆 5	1→3→5	4	5	7	5.33	0.30
	1→4→5	5	7	8	6.67	0.50
	1→4→3→5	8	10	12	10.00	0.70

表 5-4 给出了三个疏散路径规划模型的计算结果。极小-极大化可靠性模型(MRM)、百

分位可靠性模型(PRM)的第三种情况以及期望负效用模型(EDM)所得到的疏散方案相同；然而，由于它们的目标函数不同，因此得到的最优目标值不同。对于 PRM，当参数 θ 取值不同时，可得到 3 种不同的疏散方案(如表 5-4 所示)。当参数 θ 取值为 1 时，PRM 等价于 MRM；当参数 θ 在 0.66 到 1 之间取值时，PRM 与 MRM 的疏散方案相同。

表 5-4 三个模型的最优疏散方案

		MRM	PRM			EDM
			$0<\theta\leqslant0.33$	$0.33<\theta\leqslant0.66$	$0.66<\theta\leqslant1$	
最优解	车辆 1	2→1→3	2→4→3	2→4→3	2→1→3	2→1→3
	车辆 2	1→3→5	1→4→5	1→3→5	1→3→5	1→3→5
	车辆 3	2→4→3	2→4→3	2→1→3	2→4→3	2→1→3
	车辆 4	1→4→5	1→4→5	1→4→5	1→4→5	1→4→5
	车辆 5	1→3→5	1→3→5	1→3→5	1→3→5	1→3→5
最优值		37	20	29	37	29.67

对于期望负效用模型，若忽略路段通行能力约束式(5-2)和边际约束式(5-3)，最优疏散方案即为每辆车的期望时间最短路径(如表 5-5 的第 2 列所示)。若考虑边际约束，由于车辆 4 的期望时间最短路径 1→3→5 的资源 0.45 超过其上限 0.40(如表 5-5 第 3 列所示)，因此该路径需调整为可行路径 1→4→5。

表 5-5 两个退化模型的最优疏散方案

	不考虑约束式(5-2)和式(5-3)	考虑约束式(5-3)
最优解	车辆 1：2→1→3	车辆 1：2→1→3
	车辆 2：1→3→5	车辆 2：1→3→5
	车辆 3：2→1→3	车辆 3：2→1→3
	车辆 4：1→3→5	车辆 4：1→4→5
	车辆 5：1→3→5	车辆 5：1→3→5
最优值	29.00	29.33

5.3 模型的求解

在小规模网络算例中，所提出的模型可由最优化软件求解(如 LINGO)，然而对于大规模网络算例，用 LIGNO 软件求解的效率较低。本节将设计有效算法求解期望负效用模型的大规模数值算例。若忽略该模型的通行能力约束，该模型将退化为第 4 章讨论的随机约束最短路模型。因此,本章讨论的期望负效用疏散路径规划模型必定是 NP 难问题。

5.3.1 期望负效用模型

下面将疏散时间看作负效用函数,则目标将是寻找期望总疏散时间最短的疏散方案。基于场景的随机 0-1 整数疏散规划模型建立如下:

$$\min Z = \sum_{s=1}^{S} \sum_{k=1}^{K} \sum_{(i,j) \in A} p_s \cdot t_{ij}^{ks} \cdot x_{ij}^{ks} \tag{5-14}$$

s.t. 约束式(5-1)~式(5-5)

式(5-14)本质上是网络流问题,但该模型与最小费用流问题和多商品流问题有所不同。接下来,从路段权重和 OD 对这两方面对三个模型进行比较分析。

(1) 路段权重。在式(5-14)中,每辆车均有各自的路段权重,而在最小费用流问题中所有车辆具有相同的路段权重;在多商品流问题中,同种商品具有相同的路段权重。

(2) OD 对。在式(5-14)和最小费用流问题中,每个 OD 对之间可能存在一辆或多辆车,而在多商品流问题中每种商品对应一个 OD 对。另外,在式(5-14)和多商品流问题中,可预知每个 OD 对之间的车辆数;而在最小费用流问题中,每个 OD 对之间的车辆数在所有流量分配完成后方可知道。

为清晰起见,表 5-6 直观地比较了这三个模型,其中 5 辆车 a、b、c、d 和 e 需通过两个 OD 对疏散,并同时经过路段 (i,j)。假定商品 1 包括 a、b 和 c,剩余两辆车属于商品 2。

表 5-6 三种模型在路段权重和 OD 对间的区别

	式(5-14)	最小费用流	多商品流
路段 (i,j) 上的权重	$w_{ij}^a=3, w_{ij}^b=5, w_{ij}^c=7,$ $w_{ij}^d=4, w_{ij}^e=6$	$w_{ij}^a=4, w_{ij}^b=4, w_{ij}^c=4,$ $w_{ij}^d=4, w_{ij}^e=4$	商品 1: $w_{ij}^a=w_{ij}^b=4$ 商品 2: $w_{ij}^c=w_{ij}^d=w_{ij}^e=6$
OD 对	OD1: a,b,d OD2: c,e	OD1: a,c OD2: b,d,e	OD1: 商品 1(a,b) OD2: 商品 2(c,d,e)

5.3.2 模型分解

由于式(5-14)是 NP 难问题,因此本章采用与第 4 章类似的拉格朗日松弛算法将松弛复杂约束至目标函数中。

首先,改写约束式(5-4)以删除该约束的冗余约束并减小拉格朗日乘子的取值范围。约束式(5-4)共包括 $m \cdot K \cdot (S-1) \cdot S/2$ 个等式关系,然而该约束与约束式(4-3)类似,存在冗余。同样地,为减少冗余,复杂约束式(5-4)可改写为

$$x_{ij}^{k1} - x_{ij}^{k2} = 0, x_{ij}^{k2} - x_{ij}^{k3} = 0, \cdots, x_{ij}^{k,S-1} - x_{ij}^{kS} = 0, x_{ij}^{kS} - x_{ij}^{k1} = 0,$$
$$\forall (i,j) \in A, k = 1, 2, \cdots, K \tag{5-15}$$

此时,式(5-15)仅包括 $m \cdot K \cdot S$ 个等式关系,为进一步缩小拉格朗日乘子的取值范围,给出式(5-15)的等价形式:

$$x_{ij}^{k1} - x_{ij}^{k2} \leqslant 0, x_{ij}^{k2} - x_{ij}^{k3} \leqslant 0, \cdots, x_{ij}^{k,S-1} - x_{ij}^{kS} \leqslant 0, x_{ij}^{kS} - x_{ij}^{k1} \leqslant 0,$$
$$\forall (i,j) \in A, k = 1, 2, \cdots, K \tag{5-16}$$

下面采用拉格朗日松弛算法得到原模型的松弛模型。在原模型式(5-14)中,流平衡约束式(5-1)及二元变量约束式(5-5)为简单约束,而约束式(5-2)、式(5-3)和式(5-16)为复杂约束。为此,针对以上三个复杂约束,分别引入三类非负拉格朗日乘子,即 $\alpha_{ij}^s, \forall (i,j) \in A, s = 1, 2, \cdots, S; \beta_l^{ks}, k = 1, 2, \cdots, K, s = 1, 2, \cdots, S, l = 1, 2, \cdots, L$ 及 $\gamma_{ij}^{ks}, \forall (i,j) \in A, s = 1, 2, \cdots, S, k = 1, 2, \cdots, K$。则松弛模型可表示如下:

$$\begin{cases} \min R(\alpha, \beta, \gamma) \\ \text{s.t. 约束式(5-1) 和式(5-5)} \end{cases} \tag{5-17}$$

其中,

$$\begin{cases} R(\alpha, \beta, \gamma) = \sum_{k=1}^{K} \sum_{s=1}^{S} \sum_{(i,j) \in A} p_s \cdot t_{ij}^{ks} \cdot x_{ij}^{ks} + \sum_{s=1}^{S} \sum_{(i,j) \in A} \alpha_{ij}^s \left(\sum_{k=1}^{K} x_{ij}^{ks} - u_{ij}^s \right) \\ + \sum_{k=1}^{K} \sum_{s=1}^{S} \sum_{l=1}^{L} \beta_l^{ks} \left(\sum_{(i,j) \in A} x_{ij}^{ks} \cdot w_{ij}^{kl} - W^{kl} \right) + \sum_{k=1}^{K} \sum_{(i,j) \in A} \left(\sum_{s=1}^{S-1} \gamma_{ij}^{ks} (x_{ij}^{ks} - x_{ij}^{k,s+1}) + \gamma_{ij}^{kS} (x_{ij}^{kS} - x_{ij}^{k1}) \right) \end{cases}$$

通过合并同类项,松弛模型式(5-17)的目标函数为

$$\begin{aligned} \min R(\alpha, \beta, \gamma, \mu) &= \sum_{k=1}^{K} \sum_{s=1}^{S} \sum_{(i,j) \in A} \left(p_s \cdot t_{ij}^{ks} + \alpha_{ij}^s + \sum_{l=1}^{L} \beta_l^{ks} \cdot w_{ij}^{kl} + \mu_{ij}^{ks} \right) \cdot x_{ij}^{ks} \\ &- \sum_{s=1}^{S} \sum_{(i,j) \in A} \alpha_{ij}^s \cdot u_{ij}^s - \sum_{k=1}^{K} \sum_{s=1}^{S} \sum_{l=1}^{L} \beta_l^{ks} \cdot W^{kl} \end{aligned} \tag{5-18}$$

其中,$\mu_{ij}^1 = \gamma_{ij}^{k1} - \gamma_{ij}^{kS}, \mu_{ij}^s = \gamma_{ij}^{ks} - \gamma_{ij}^{k,s-1}, s = 2, 3, \cdots, S, k = 1, 2, \cdots, K$。

下面探讨如何求解该松弛模型,首先将该模型分解为两个子问题。

子问题 1:

$$Z_{\text{SP1}}^*(\alpha, \beta, \gamma, \mu) = \min \sum_{k=1}^{K} \sum_{s=1}^{S} \sum_{(i,j) \in A} \left(p_s \cdot t_{ij}^{ks} + \alpha_{ij}^s + \sum_{l=1}^{L} \beta_l^{ks} \cdot w_{ij}^{kl} + \mu_{ij}^{ks} \right) \cdot x_{ij}^{ks} \tag{5-19}$$

s.t. 约束式(5-1) 和式(5-5)

子问题 2:

$$Z_{\text{SP2}}^*(\alpha, \beta) = \sum_{s=1}^{S} \sum_{(i,j) \in A} \alpha_{ij}^s \cdot u_{ij}^s + \sum_{k=1}^{K} \sum_{s=1}^{S} \sum_{l=1}^{L} \beta_l^{ks} \cdot W^{kl} \tag{5-20}$$

子问题 1 可进一步分解为 $K \times S$ 个子问题 $\text{SSP1}(\alpha,\beta,\gamma,k,s), k=1,2,\cdots,K, s=1,2,\cdots,S$，如下所示。

$$Z^*_{\text{SSP1}}(\alpha,\beta,\gamma,k,s) = \min \sum_{(i,j) \in A} \left(p_s \cdot t^s_{ij} + \alpha^s_{ij} + \sum_{l=1}^{L} \beta^{ks}_l \cdot w^{kl}_{ij} + \mu^{ks}_{ij} \right) \cdot x^{ks}_{ij}$$

$$\text{s.t.} \sum_{(i,j) \in A} x^{ks}_{ij} - \sum_{(j,i) \in A} x^{ks}_{ji} = \begin{cases} 1, & i = O_k \\ -1, & i = D_k \\ 0, & 否则 \end{cases} \quad (5-21)$$

$$x^{ks}_{ij} \in \{0,1\}, \forall (i,j) \in A$$

对于每个子问题 $\text{SSP1}(\alpha,\beta,\gamma,k,s)$，可通过标号设定算法或标号修正算法求解，其中广义路段费用函数为

$$c^{ks}_{ij} = p_s \cdot t^s_{ij} + \alpha^s_{ij} + \sum_{l=1}^{L} \beta^{ks}_l \cdot w^{kl}_{ij} + \mu^{ks}_{ij}$$

根据给定的拉格朗日乘子，松弛模型的最优值可计算如下：

$$R'(\alpha,\beta,\gamma) = \sum_{k=1}^{K} \sum_{s=1}^{S} Z^*_{\text{SSP1}}(\alpha,\beta,\gamma,k,s) - Z^*_{\text{SP2}} \quad (5-22)$$

显然，松弛模型式(5-22)的最优值是原模型目标值的下界。为得到高质量的近似最优解，则需求得接近原模型最优值的紧下界，即可通过求解如下拉格朗日对偶模型来得到松弛模型的最大目标值：

$$R'(\alpha^*,\beta^*,\gamma^*) = \max_{\alpha \geq 0, \beta \geq 0, \gamma \geq 0} R'(\alpha,\beta,\gamma) \quad (5-23)$$

5.3.3 求解算法

由于复杂约束式(5-2)、式(5-3)和式(5-16)被松弛至目标函数中，因此通过松弛模型得到的解未必是原模型的可行解。下面首先设计基于 K 最短路算法的调整算法将不可行解调整为可行解。

1. 调整算法

导致松弛模型不可行解的原因为：(1)路径资源超过上限；(2)通过某条路段的车辆数超过该路段通行能力。因此，提出基于 K 最短路算法的调整算法来处理不可行解。调整算法涉及的符号含义如下：

- Capacityflag：判断是否满足通行能力约束，如果满足=1，否则=0。
- Resourceflag：判断是否满足边际约束，如果满足=1，否则=0。
- Capacity：路段通行能力上限。
- Exceed：通过某条路段的车辆数量超过路段通行能力的数量。
- Count：已调整的车辆数量。

- Resource:路径资源上限。

调整算法的执行过程如下:首先判断路段上的车辆数量是否超过其通行能力 Capacity。如果超过其通行能力,调整该路段上的车辆数量直至 Count=Exceed,同时令 Capacityflag=1。其次,若 Resourceflag=0,则用 K 最短路算法调整路径直至 Resourceflag=1。再次,由于对路段资源的调整可能导致疏散方案不再满足通行能力约束,需重置 Capacityflag=0。最终,当且仅当 Capacityflag=1 和 Resourceflag=1 时,调整算法结束。

为了更加清晰地说明调整算法,图 5-4 给出了该算法的流程图。

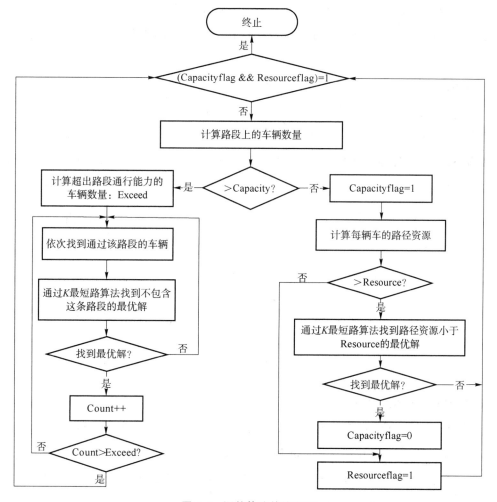

图 5-4 调整算法的流程图

下面用一个具体例子说明上述调整算法将不可行解调整为可行解的具体步骤。假设由拉格朗日松弛模型式(5-22)得到的不可行解为:车辆 1:2→1→3;车辆 2:1→4→5;车辆 3:2→1→3;车辆 4:1→3→5;车辆 5:1→3→5。该疏散方案不可行的原因为:路段(1,3)上的车辆数 4 超过了其在场景 3 下的通行能力 3;车辆 4 所通过路径 1→3→5 的资源 0.45 超过了其上限 0.40。因此，按照以下步骤调整该不可行解。

步骤 1：初始化 Count=0，Exceed=0。因为 Capacityflag=0，Resourceflag=0，执行步骤 2。

步骤 2：计算每条路段上的车辆数，其中路段(1,3)上的车辆数超过其通行能力，即 Exceed=4-3=1。

步骤 3：按照标号顺序在路段(1,3)搜索车辆，即车辆 1。

步骤 4：通过 K 最短路算法为车辆 1 搜索不包含路段(1,3)的次优路径 2→4→3（如图 5-5(a)所示），Count++。若 Count=Exceed，则 Capacityflag=1。

步骤 5：判断每辆车的路径资源是否超过其上限。车辆 4 的路径资源 0.45 超过其上限 0.40。

步骤 6：通过 K 最短路算法为车辆 4 搜索资源上限不大于 0.40 的次优路径 1→4→5（如图 5-5(b)所示）。令 Resourceflag=1，Capacityflag=0。

步骤 7：经计算，每条路段上的车辆数均未超过其通行能力，令 Capacityflag=1。

步骤 8：终止。最终得到可行解：车辆 1：2→4→3；车辆 2：1→4→5；车辆 3：2→1→3；车辆 4：1→4→5；车辆 5：1→3→5。

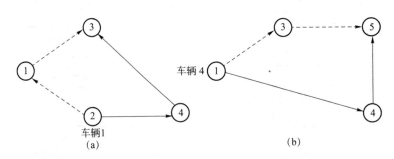

图 5-5 路径调整的例证说明

2. 拉格朗日松弛启发式算法

松弛模型的最优值（下界）与原模型最优值（上界）的相对差值越小表明解的质量越高。因此，下面设计基于 K 最短路算法的次梯度优化算法来逐步提高松弛模型的下界并同时降低原模型的上界。该算法从初始可行解开始，然后通过次梯度优化算法不断地更新可行解以得到更紧的下界。该算法的具体步骤如下。

步骤 1：初始化。

令迭代次数 $\mu=1$，初始化拉格朗日乘子 α_{ij}^s、β_l^{ks}、γ_{ij}^{ks} 及边际约束上限 W^{kl}，$\forall (i,j) \in A$，$s=1,2,\cdots,S$，$k=1,2,\cdots,K$，$l=1,2,\cdots,L$。

步骤 2：求解松弛模型。

步骤 2.1：用标号修正算法计算子问题 1 的最优解，进而计算松弛模型式(5-22)的最优值,记为下界。

步骤 2.2: 判断通过步骤 2.1 得到的解是否为原模型的可行解。如果是可行解,转至步骤 4,否则,转至步骤 3。

步骤 3: 执行调整算法。

通过执行调整算法将不可行解调整为可行解。

步骤 4: 计算相对差值。

步骤 4.1: 计算原模型式(5-14)的目标值,记为上界。

步骤 4.2: 计算上界和下界之间的相对差值。

步骤 5: 更新拉格朗日乘子。

通过以下次梯度搜索方向更新拉格朗日乘子 α_{ij}^s、β_l^{ks} 及 γ_{ij}^{ks},$\forall (i,j) \in A, s=1,2,\cdots,S$, $k=1,2,\cdots,K, l=1,2,\cdots,L$:

$$\nabla R_{\alpha_{ij}^s} = \sum_{k=1}^{K} x_{ij}^{ks} - u_{ij}^s$$

$$\nabla R_{\beta_l^{ks}} = \sum_{(i,j) \in A} x_{ij}^{ks} \cdot w_{ij}^{kl} - W^{kl}$$

$$\nabla R_{\gamma_{ij}^{ks}} = x_{ij}^{ks} - x_{ij}^{k,s+1}, s=1,2,\cdots,S-1$$

$$\nabla R_{\gamma_{ij}^{kS}} = x_{ij}^{kS} - x_{ij}^{k1}$$

步骤 6: 终止条件。

若相对差值小于预设阈值或者迭代次数 μ 大于预设的最大迭代次数,终止;否则,令 $\mu \leftarrow \mu+1$,转至步骤 2。

5.4 算 例

本节给出了一系列不同规模的网络算例来验证所提出算法的有效性和计算效率。该算法运行于 Microsoft Visual Studio 2008 软件平台上,计算机 CPU 为 Intel T7300 @ 2.00 GHz,内存为 4 GB,操作系统为 Windows 7。

5.4.1 小规模算例

第一组实验在图 5-3 所示的网络上执行。路段通行时间、路段资源、路段通行能力及路径资源上限等输入数据均与 5.2.3 节的数据相同。与 5.2.3 节不同的是,本节采用拉格朗日松弛算法求解期望负效用模型式(5-14),以检验该算法搜索模型近似最优解的有效性。这一算法的结束条件为最大迭代次数 $\mu_{\max}=10$ 或相对差值小于 0.1%。表 5-7 比较了基于松弛的启发式算法和 LINGO 求解器的计算结果。由表 5-7 可知,基于松弛的启发式算法与

LINGO 求解器所得到的解相同，这表明拉格朗日松弛算法可有效求解疏散路径规划模型式(5-14)。此外，这两种算法的计算时间均小于 1 s。

表 5-7 拉格朗日松弛算法和 LINGO 求解器的性能比较

	启发式算法			LINGO
	下界	上界	相对差值	
目标值	28.17	29.67	5.05%	29.67
最优解		车辆 1:2→1→3		车辆 1:2→1→3
		车辆 2:1→3→5		车辆 2:1→3→5
		车辆 3:2→4→3		车辆 3:2→4→3
		车辆 4:1→4→5		车辆 4:1→4→5
		车辆 5:1→3→5		车辆 5:1→3→5
计算时间		<1 s		<1 s

为探讨拉格朗日松弛算法搜索最优解的过程，图 5-6 给出了该算法在 3 个场景下第一次迭代的求解过程。在场景 1 下，由于路径 d 和 e 的资源超过其上限，因此该场景的输出解不可行。在此情况下，需执行 K 最短路算法将不可行解调整为可行解。类似地，场景 2 采用同样的方法将不可行解调整为可行解。由于场景 3 得到的解为可行解，故无须调整。

5.4.2 中等规模算例

下面在具有 299 个节点和 736 条路段的网络上(如图 5-7 所示)设计算例，以进一步探讨拉格朗日松弛算法的性能。

1. 实验设计

在本组实验中，模型的边际约束指疏散路径的长度不能超过给定上限。为保证实验更加接近实际情况，路段属性(通行时间、通行能力、长度)根据道路情况在特定区间内随机生成。以路段(2,23)为例，基于场景的路段通行时间在区间[40,70](单位:s)内以升序形式随机生成；路段的随机通行能力则根据路网中车辆数量以降序形式随机生成；路段长度在区间[1,2](单位:km)内随机生成。

接下来从不同车辆数量、不同场景数量以及不同 OD 对数量这三方面设计实验以验证算法的稳定性和稳健性。

2. 不同车辆数量的实验结果

下面通过 6 组实验分析拉格朗日松弛算法的相对差值和计算时间，其中这 6 组实验

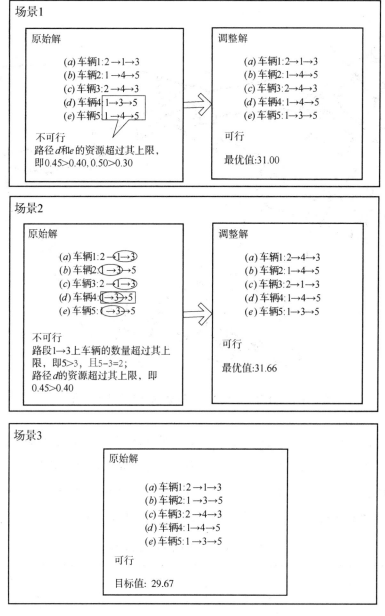

图 5-6 拉格朗日松弛算法的调整过程

的车辆数量为 50、200、300、900、1 300 和 1 600。同时,假设场景和 OD 对的数量分别为 5 和 4。表 5-8 给出了该算法 10 次迭代的实验结果。由该表可知,算法能够在较短时间内 (14′47″)有效求解具有 1 600 辆车的疏散路径规划模型,并且上界和下界的相对差值保持在较小的范围(0.21%~0.39%)内,这表明通过该算法可得到高质量的近似最优解。为了更加直观地体现该算法的性能,图 5-8 和图 5-9 分别给出了相对差值和计算时间的迭代过程。

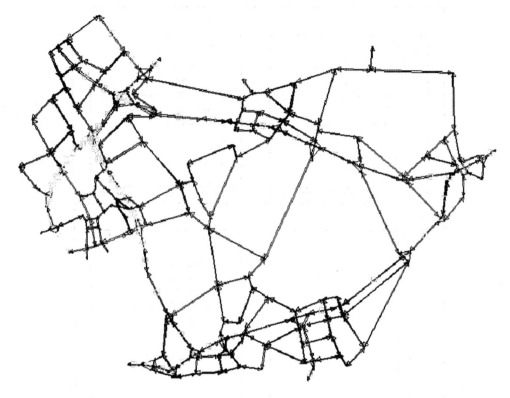

图 5-7　具有 299 个节点和 736 条路段的中等规模网络

由图 5-8 可知,相对差值随迭代次数的增加而减少,随车辆数量的增加而增大。这是由于车辆数量的增加会产生更多的子问题,进而使相对差值增大,例如,若车辆数量从 50 增加至 1 600,子问题数量将从 250 增加至 8 000。此外,在实验中,每次迭代的计算时间基本保持平稳,这表明所提出的启发式算法具有较好的稳定性(如图 5-9 所示)。

表 5-8　不同车辆数量的计算结果

迭代次数	实验1:50 辆车		实验2:200 辆车		实验3:500 辆车	
	相对差值(%)	时间	相对差值(%)	时间	相对差值(%)	时间
1	0.24	33″	0.34	2′31″	0.35	3′56″
2	0.22	46″	0.31	2′32″	0.34	3′44″
3	0.22	43″	0.30	2′33″	0.31	4′01″
4	0.22	50″	0.30	2′47″	0.30	4′20″
5	0.22	56″	0.30	3′07″	0.30	4′19″
6	0.22	56″	0.30	3′06″	0.30	4′16″
7	0.22	58″	0.30	3′26″	0.30	4′16″
8	0.21	1′00″	0.30	3′36″	0.30	4′15″
9	0.21	1′03″	0.30	3′45″	0.30	4′15″
10	0.21	1′05″	0.30	3′53″	0.30	4′27″

续表

迭代次数	实验4:900辆车		实验5:1 300辆车		实验6:1 600辆车	
	相对差值(%)	时间	相对差值(%)	时间	相对差值(%)	时间
1	0.37	8′16″	0.31	12′20″	0.39	14′47″
2	0.36	8′07″	0.30	12′08″	0.38	14′22″
3	0.35	7′42″	0.30	12′04″	0.37	14′23″
4	0.34	8′05″	0.29	11′54″	0.37	14′24″
5	0.34	8′16″	0.28	12′46″	0.37	14′25″
6	0.33	8′50″	0.28	12′38″	0.36	15′06″
7	0.33	8′43″	0.28	11′52″	0.35	15′05″
8	0.33	8′45″	0.28	13′26″	0.35	15′05″
9	0.33	8′41″	0.28	12′57″	0.35	15′08″
10	0.33	8′41″	0.28	12′44″	0.35	15′06″

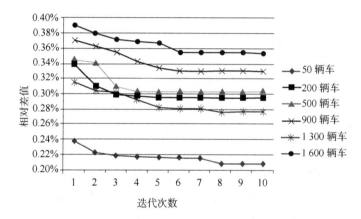

图5-8 不同车辆数量的相对差值

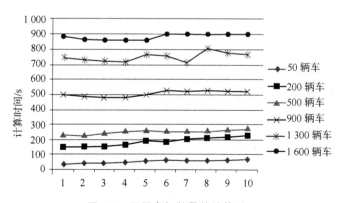

图5-9 不同车辆数量的计算时间

3. 不同场景数量的实验结果

下面在车辆数量为 1 000 和 OD 对数量为 4 时，设计了 8 组不同场景数量的实验，场景数量分别为 3、4、5、6、7、8、9 和 10，实验结果如表 5-9 所示。由表 5-9 可知，这 8 组实验的相对差值稳定在 0.31% 至 0.35% 之间。然而，计算时间随场景数量的增多而明显增长，这说明场景数量对算法的时间复杂度有很大影响。该算法的计算时间主要包括两部分：松弛模型的计算和调整算法的执行，这两部分均需基于场景计算，因此场景数量越多，计算时间越长。

表 5-9 不同数量的场景的计算结果

场景	下界	上界	相对差值(%)	计算时间	平均计算时间
3	263 869	264 676	0.31	5′09″	1′43″
4	266 057	266 902	0.32	6′36″	1′39″
5	258 043	258 880	0.32	8′21″	1′40″
6	263 278	264 192	0.35	9′59″	1′40″
7	266 126	266 999	0.33	11′38″	1′40″
8	262 066	262 954	0.34	13′13″	1′39″
9	265 191	266 119	0.35	15′06″	1′41″
10	267 481	268 431	0.35	16′29″	1′39″

4. 不同 OD 对数量的实验结果

下面讨论网络中 OD 对数量对算法稳定性的影响，本实验选取了 5 组不同数量的 OD 对，分别为 4、10、20、50 和 100。假设有 1 000 辆车需要疏散，场景数量为 5。图 5-10 描绘了这 5 组实验的计算时间曲线。由该图可知，拉格朗日松弛算法计算这 5 组实验所用时间基本相同，表明 OD 对数量的多少对算法性能影响不大。

5.4.3 大规模算例

在本组实验中，采用 4.4.3 节的大规模网络设计算例以进一步验证算法的有效性。该算法在 CPU 为 Intel Xeon E5-2640@2.60 GHz，内存为 16 GB 的服务器上执行。

实验所需的基础数据，如路段通行时间、长度及通行能力均从 NEXTA 软件中提取。进一步，根据提取数据，随机生成基于 5 个场景的随机路段通行时间和通行能力。假设 20 个区域的受灾人员分别被疏散至 20 个安全区域，即受灾人员通过 20 个 OD 对疏散。如果 5 000 辆车需要疏散，则模型中共有 73 750 000 个决策变量及 73 789 750 个约束。下面设计 5 组具有不同车辆数量的实验来分析算法的相对差值和计算时间。

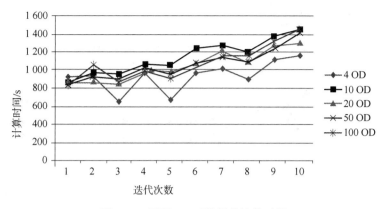

图 5-10 不同 OD 对数量的计算时间

表 5-10 给出了算法取不同数量疏散车辆时 10 次迭代的实验结果,其中模型上下界的相对差值用"RG"表示。从该表可看出,所有实验的相对差值均在 3% 以内,并且它们随疏散车辆的增加(如图 5-11 所示)而减小,由于每条路段的通行能力约束随疏散车辆的增加而逐渐收紧。例如,假设 2 000 辆车需疏散,可能有 300 辆车在通行能力为 500 的路段 562→563 上通过,而当疏散车辆增加至 5 000 时,该路段上的车辆数可能达到 490。然而,由于变量和约束的数量随车辆的增加而急剧增加,该算法的运行时间随车辆的增加而逐渐增长(如图 5-12 所示)。

表 5-10 五组实验的计算结果

1 000 辆车		2 000 辆车		3 000 辆车		4 000 辆车		5 000 辆车	
RG(%)	时间	RG(%)	时间	RG(%)	时间	RG(%)	时间	RG(%)	时间
2.91	0:07:31	1.75	0:16:24	1.37	0:22:38	1.21	0:34:47	1.13	0:46:12
2.25	0:08:41	1.50	0:15:14	1.31	0:22:38	1.08	0:34:48	1.12	0:44:05
2.11	0:09:16	1.46	0:16:24	1.30	0:22:34	0.98	0:44:00	1.05	0:47:00
2.00	0:10:24	1.36	0:17:33	1.07	0:29:29	0.98	0:48:36	0.97	0:55:46
1.99	0:11:33	1.28	0:25:39	1.06	0:32:55	0.98	0:53:10	0.95	0:49:57
1.98	0:12:42	1.28	0:29:12	1.05	0:36:22	0.98	0:57:48	0.94	1:07:28
1.98	0:13:49	1.28	0:31:26	1.05	0:38:06	0.98	1:02:42	0.94	1:10:07
1.98	0:14:22	1.28	0:26:42	1.05	0:39:50	0.98	1:09:17	0.94	1:12:54
1.98	0:17:47	1.28	0:37:07	1.05	0:36:23	0.98	1:02:24	0.94	1:27:37
1.98	0:21:48	1.28	0:39:24	1.05	0:48:27	0.98	1:16:11	0.94	1:36:36

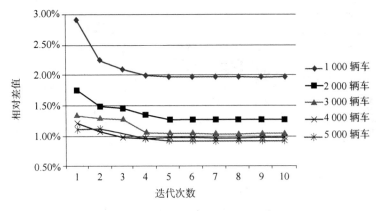

图 5-11　五组实验的相对差值

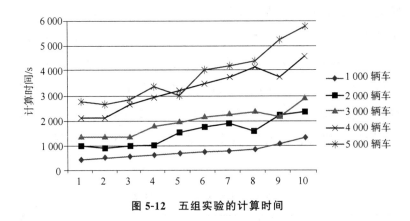

图 5-12　五组实验的计算时间

需要注意的是,当求解具有 5 000 辆车的算例时,大约已占用了服务器 15 GB 内存,然而当增加至 6 000 辆车时内存用尽。如果假设每辆车容纳 3~4 人,则本章所提出的拉格朗日松弛算法能够有效生成 Chicago 城市区域 15 000~20 000 人的疏散方案。因此,如果在具有更大内存的服务器上执行该实验时,该算法可求解更大规模的疏散路径规划模型。

5.5　本章小结

突发事件的发生使得一定区域的受灾人员需转移至安全区域。为此,本章探讨了如何在随机路网环境下构建疏散路径规划模型。本章的主要贡献可总结如下。

首先,提出了具有边际约束的随机规划模型来生成应急疏散方案,其中假设受灾人员均乘坐汽车疏散,且每辆车看作一个独立个体。

其次，在具有基于场景的随机路段通行时间和通行能力的路网中，本书提出了三个风险评估目标函数，即极小-极大化可靠性目标函数、百分位可靠性目标函数及期望负效用目标函数。本章重点讨论了期望负效用准则下的疏散路径规划模型。

再次，采用拉格朗日松弛方法将原模型的复杂约束松弛至目标函数中，并将松弛模型分解为两个子问题。然而，松弛模型的解不一定为原模型的可行解。为此，将 K 最短路算法嵌入次梯度优化算法中调整不可行解为可行解。实验结果表明，本章提出的算法可求解大规模算例的近似最优解。

第 6 章　动态随机两阶段疏散路径规划模型及求解算法

在第 5 章中,通过将路段通行时间和通行能力处理为基于场景的随机变量,深入探讨了突发事件下的先验疏散路径优化模型和算法。需要说明的是,由于该问题考虑了路网信息不可实时获取的情形,因此在实际疏散过程中,各车辆对应的先验路径将不再发生改变。实际中,随着网络和现代信息技术的发展,人们通常可通过各种渠道获得突发事件发生后的实时或延时路网信息。因此,如何在实时信息可达情况下为各车辆寻找最优的疏散路径方案,即成为需要解决的问题。为此,本章将进一步考虑实时信息的可获取性,将疏散过程划分为两个时间阶段。第一时间阶段内,假设疏散车辆无法获取灾难级别及道路破坏程度等信息;而在某一时间节点后,疏散车辆可通过一些实时监测设备获取准确路网信息。鉴于此,本章将建立带补偿机制的两阶段随机疏散路径规划模型,并设计高效的启发式搜索算法。

6.1　问题描述

该问题将考虑实时信息可部分获取情况下的疏散路径规划问题。信息获取的过程如下:在突发事件发生初期,受灾人员不可获取路网实时信息,按照给定的先验方案进行疏散;而在突发事件发生一定时间后,路网的破坏程度、路段通行时间、路段通行能力等实时信息方可获取,此时可根据更新的信息选择最优疏散方案。基于上述假设,本章拟采用先验优化和自适应路径选择思想,将突发事件发生情况下的疏散过程划分为两个时间阶段,称为先验优化阶段和自适应选择阶段。具体如下。

- 第一阶段(先验优化阶段):设定时间阈值 $\tilde{T}$,当受灾人员在阈值 $\tilde{T}$ 前从危险区域出发时,路网通行信息非实时获取,受灾人员需根据先验方案进行疏散。
- 第二阶段(自适应选择阶段):在时间阈值 $\tilde{T}$ 之后,实时信息即可获取,根据实时路况信息调整疏散方案。

由上面的分析可知,在灾难刚发生时,决策者需要历史信息为疏散车辆制定先验疏散方案,在获取实时路网信息前,受灾人员将按照该方案进行疏散。之后,当能够获取实时路网信息时,决策者可根据获取的路网信息重新调整疏散方案从而优化总疏散时间。

鉴于此,本章拟建立动态随机路网环境下的两阶段随机规划模型以寻找期望总疏散时间最短的疏散方案。模型第一阶段将制定先验疏散路径方案;第二阶段则采用自适应路径策略生成的疏散方案评价第一阶段的决策。

接下来,采用由 8 个节点、15 条路段构成的物理网络(如图 6-1 所示)来对两阶段疏散方案的具体生成过程进行详细说明。对上述物理网络进行如下假设:(1)节点 1 为受灾区域,节点 8 为安全区域,共 4 辆车(a,b,c,d)需进行转移;(2)决策者根据历史数据制定的先验疏散方案为:车辆 a、b 通过路径 1→2→3→4→6→8 转移,车辆 c、d 通过路径 1→3→5→6→7→8 转移。在灾难刚发生时,这 4 辆车均沿着决策者制定的先验方案转移,直到时间阈值 $\tilde{T}$ 后改用自适应策略制定的疏散方案。简便起见,我们以两个场景为例说明自适应疏散方案的生成过程。在图 6-2 中,为直观地描述具有动态随机路段通行时间的路网,将时间区段离散为多个单位时间区间,并以时间阈值 $\tilde{T}$ 为界限将时间区段划分为第一阶段和第二阶段,其中采用不同类型的线段表示不同场景下的自适应疏散方案。具体地,

场景 1 下的疏散方案为:a,b:1→2→3→4→7→8;c,d:1→3→5→6→8;

场景 2 下的疏散方案为:a,b:1→2→3→4→6→8;c:1→3→5→6→8;d:1→3→5→6→7→8。

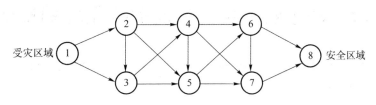

图 6-1 示意图

由图 6-2 可知,在时间阈值 $\tilde{T}$ 之前,场景 1 和 2 的自适应疏散方案与先验疏散方案相同,即 a、b 沿路线 1→2→3→4 疏散;c、d 沿路线 1→3→5 疏散。在时间阈值 $\tilde{T}$ 之后,两个场景的疏散方案与先验疏散方案有所不同,例如 a、b 的先验疏散路线为 6→8,而在场景 1 的自适应疏散路线为 7→8,场景 2 的自适应疏散路线为 6→8。

由此可知,决策者首先制定从危险区域至安全区域的先验疏散方案,将其作为突发事件发生情况下时间阈值 $\tilde{T}$ 前的引导方案;然后,根据在时间阈值 $\tilde{T}$ 之后获取的实时信息制定疏散方案。本章在突发事件发生情况下,为受灾人员提供稳健先验疏散方案,并采用不同场景下的自适应疏散方案评价该方案。

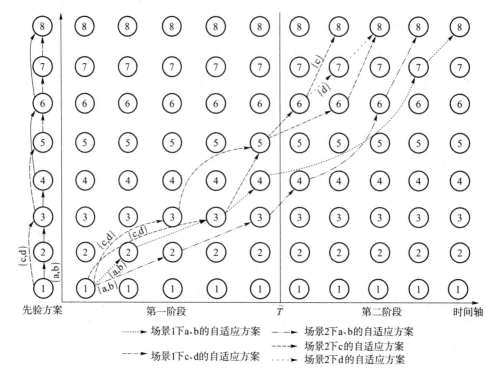

　　　　　······▶ 场景1下a、b的自适应方案　　　　—▶ 场景2下a、b的自适应方案

　　　　　---▶ 场景1下c、d的自适应方案　　　　·—·▶ 场景2下c的自适应方案

　　　　　　　　　　　　　　　　　　　　　　　　····▶ 场景2下d的自适应方案

图 6-2　两阶段路径生成策略

6.2　动态随机两阶段疏散路径规划模型

疏散路径规划问题本质是网络流问题,相关学者基于最小费用流(Min-cost Flow)模型对该问题提出了诸多优化方法(如 Chalmet 等[150],Kisko 和 Francis[151])。因此,本章基于最小费用流模型建立动态随机环境下两阶段应急疏散路径规划模型。

6.2.1　最小费用流的一般模型

最小费用流问题是一类典型的组合优化问题,指在对路段容量和费用有所限制的网络中,使从起点至终点通过的流量最大且流量总输送费用最小。换言之,最小费用流问题是以总费用最小为目标函数,求解流量从起点至终点如何选择路径并分配流量至所经过的路径。

对于一个容量-费用网络:

$$G = (V, A, C, U, D)^{[9]}$$

其中:V 为节点集合;A 为路段集合;路段$(i,j) \in A$ 对应的单位流量费用$C(i,j)$,记为c_{ij};路段(i,j)的容量上界$U(i,j)$,记为u_{ij};节点$i \in V$所需的流量$D(i)$,记为d_i。该网络上的流 x 是从路段集合 A 到 $\mathbb{R}$ 的函数,即对每条路段(i,j)赋予一个实数 x_{ij}(称为路段(i,j)的流量)。

如果流 x 满足如下流量守恒条件[9]：

$$\sum_{(i,j)\in A} x_{ij} - \sum_{(j,i)\in A} x_{ij} = d_i, \forall i \in V \qquad (6\text{-}1)$$

并且满足容量约束

$$0 \leqslant x_{ij} \leqslant u_{ij}, \forall (i,j) \in A \qquad (6\text{-}2)$$

则称 x 为可行流。且流 x 的总费用定义为

$$c(\boldsymbol{x}) = \sum_{(i,j)\in A} c_{ij} x_{ij}$$

因此，最小费用流问题就是在容量-费用网络中寻找总费用最小的可行流，数学规划模型如下[9]：

$$\begin{aligned}
\min c(\boldsymbol{x}) &= \sum_{(i,j)\in A} c_{ij} x_{ij} \\
\text{s.t.} \sum_{(i,j)\in A} x_{ij} &- \sum_{(j,i)\in A} x_{ji} = d_i, \forall i \in V \\
0 &\leqslant x_{ij} \leqslant u_{ij}, \forall (i,j) \in A
\end{aligned} \qquad (6\text{-}3)$$

式(6-3)即为最小费用流问题的一般形式，该模型可采用消圈算法和最小费用路算法进行求解[9]。

6.2.2 两阶段随机规划模型

两阶段随机规划是指在随机变量实现之前便需要做出决策的一种优化问题[152,153]。Dantizig[154]将客流量考虑为随机变量来设计航线班机的最优次数，并提出了两阶段随机规划模型，形式如下：

$$\text{第一阶段}: \begin{cases} \min f(x) + E[Q(x,\xi)] \\ \text{s.t.} \quad e(x) \leqslant 0 \end{cases} \qquad (6\text{-}4)$$

其中，对于随机变量 ξ 的每个实现值 $\bar{\xi}$，第二阶段模型如下：

$$\text{第二阶段}: \begin{cases} Q(x,\bar{\xi}) = \min q(x,y,\bar{\xi}) \\ \text{s.t.} \quad g(x,y,\bar{\xi}) \leqslant 0 \end{cases} \qquad (6\text{-}5)$$

第二阶段中，$q(x,y,\bar{\xi})$ 是关于 y 的函数，而 x 和 $\bar{\xi}$ 为该函数的已知变量。

由两阶段随机规划模型的第一阶段式(6-4)和第二阶段式(6-5)可知，该模型的核心思想是在第二阶段的随机变量 ξ 实现之前先制定初始（先验）策略 x。待随机变量实现后，采取自适应策略 y，产生额外费用 $Q(x,\xi)$，称为补偿函数。

6.2.3 动态随机两阶段路径优化模型

下面为突发事件发生情况下的应急疏散路径规划问题建立两阶段随机规划模型，其中路段的通行时间和通行能力为基于场景的离散随机变量，其分布函数随时间而动态变化。模型

第一阶段生成先验疏散方案;模型第二阶段在动态随机网络中生成各场景下的疏散方案,并采用各场景下总疏散时间的期望值对第一阶段先验疏散方案进行评价。

1. 决策变量

模型第一阶段需制定先验疏散方案,故引入决策变量 x_{ij}, $0 \leq x_{ij} \leq u_{ij}$ 表示通过物理路段 (i,j) 的流量;模型第二阶段在各场景下生成自适应疏散方案评价第一阶段的先验疏散方案,故引入决策变量 $y_{ij}^s(t)$, $0 \leq y_{ij}^s(t) \leq u_{ij}^s(t)$ 表示场景 s 下在 t 时刻通过路段 (i,j) 的流量。

2. 模型第一阶段

模型第一阶段在物理网络中生成可行流作为先验疏散方案,以便在灾难发生初期为受灾人员提供疏散向导。为生成从受灾区域至安全区域的可行疏散方案,需建立最小费用流模型的物理流平衡约束式(6-1)和容量约束式(6-2)。

同时,为了避免构成疏散方案的路径存在子回路,我们设定路段惩罚函数 p_{ij} 以保证疏散方案的可行性,疏散方案的惩罚函数定义为

$$f(X) = \sum_{(i,j) \in A} p_{ij} x_{ij} \tag{6-6}$$

3. 模型第二阶段

模型第二阶段是对模型第一阶段的评价,以得到稳健最优的先验疏散方案。在该阶段,受灾人员将根据实时灾难信息生成总疏散时间最小的自适应方案。由于在时间阈值 $\tilde{T}$ 之前,受灾人员将沿第一阶段的先验方案疏散,因此各场景的方案在时间阈值 $\tilde{T}$ 之前与先验方案相同。根据上述讨论,可对时间阈值 $\tilde{T}$ 前各场景的疏散方案建立如下约束:

$$y_{ij}^s(t) \leq x_{ij}, (i,j) \in A, s = 1,2,\cdots,S, t \leq \tilde{T} \tag{6-7}$$

该约束体现了疏散方案中物理路段与时空弧段之间的关系,即如果在先验方案中有流量通过路段 (i,j),如 $x_{ij} = 2$,则在时间阈值 $\tilde{T}$ 之前各场景下的路段 (i,j) 流量均为 2,即 $y_{ij}^s(t) = 2$。换言之,在时间阈值 $\tilde{T}$ 之前,模型第二阶段各场景下疏散方案与第一阶段的先验疏散方案相同。

下面以最小化各场景下受灾人员从危险区域疏散至安全区域的总时间为目标建立第二阶段模型,形式如下:

$$\begin{cases} Q(Y,s) = \min \sum_{(i,j) \in A_s} c_{ij}^s(t) \cdot y_{ij}^s(t) & (6\text{-}8) \\ \text{s.t.} \\ \sum_{(i_t,j_{t'}) \in A_s} y_{ij}^s(t) - \sum_{(j_{t'},i_t) \in A_s} y_{ji}^s(t') = d_i^s(t), \forall i \in V, t \in \{0,1,\cdots,T\}, s = 1,2,\cdots,S & (6\text{-}9) \\ 0 \leq y_{ij}^s(t) \leq u_{ij}^s(t), \forall (i,j) \in A, t \in \{0,1,\cdots,T\}, s = 1,2,\cdots,S & (6\text{-}10) \\ y_{ij}^s(t) \leq x_{ij}, (i,j) \in A, s = 1,2,\cdots,S, t \leq \tilde{T} & (6\text{-}11) \end{cases}$$

目标函数式(6-8)是最小化场景 s 下所有流量的总疏散时间。约束式(6-9)和式(6-10)

分别为流平衡约束和通行能力约束。约束(6-11)为耦合约束以保证在时间阈值 $\tilde{T}$ 前第二阶段各场景下的疏散方案与第一阶段的先验方案相同。

4. 两阶段疏散路径规划模型

在模型第二阶段中,各场景生成的自适应疏散方案不尽相同。本章采用各场景自适应疏散方案的期望总疏散时间评价第一阶段的疏散方案,且假设每个场景 s 的发生概率为 μ_s,$s=1,2,\cdots,S$。下面以最小化对先验疏散方案的惩罚和各场景自适应疏散方案的期望总疏散时间为目标,建立动态随机环境下的两阶段疏散路径规划模型:

$$\begin{cases} \min \sum_{(i,j)\in A} p_{ij} x_{ij} + \sum_{s=1}^{S} \mu_s \cdot Q(Y,s) \\ \sum_{(i,j)\in A} x_{ij} - \sum_{(j,i)\in A} x_{ij} = d_i, \forall i \in V \\ 0 \leqslant x_{ij} \leqslant u_{ij}, \forall (i,j) \in A \\ 其中, \\ Q(Y,s) = \min \sum_{(i,j)\in A_s} c_{ij}^s(t) \cdot y_{ij}^s(t) \\ \text{s.t.} \\ \sum_{(i_t,j_{t'})\in A_s} y_{ij}^s(t) - \sum_{(j_{t'},i_t)\in A_s} y_{ji}^s(t') = d_i^s(t), \forall i \in V, t \in \{0,1,\cdots,T\}, s=1,2,\cdots,S \\ 0 \leqslant y_{ij}^s(t) \leqslant u_{ij}^s(t), \forall (i,j) \in A_s, t \in \{0,1,\cdots,T\}, s=1,2,\cdots,S \\ y_{ij}^s(t) \leqslant x_{ij}, (i,j) \in A, s=1,2,\cdots,S, t \leqslant \tilde{T} \end{cases}$$

(6-12)

该模型的目标是制定稳健最优的先验疏散方案以在突发事件发生时为受灾人员提供向导。由于模型第二阶段具有有限个场景,则上述动态随机两阶段疏散路径规划模型等价于如下单阶段模型:

$$\begin{cases} \min \sum_{(i,j)\in A} p_{ij} x_{ij} + \sum_{s=1}^{S} \left(\mu_s \cdot \sum_{(i,j)\in A_s} c_{ij}^s(t) \cdot y_{ij}^s(t) \right) \\ \text{s.t.} \\ \sum_{(i,j)\in A} x_{ij} - \sum_{(j,i)\in A} x_{ij} = d_i, \forall i \in V \\ \sum_{(i_t,j_{t'})\in A_s} y_{ij}^s(t) - \sum_{(j_{t'},i_t)\in A_s} y_{ji}^s(t') = d_i^s(t), \forall i \in V, t \in \{0,1,\cdots,T\}, s=1,2,\cdots,S \\ 0 \leqslant x_{ij} \leqslant u_{ij}, \forall (i,j) \in A \\ 0 \leqslant y_{ij}^s(t) \leqslant u_{ij}^s(t), \forall (i,j) \in A_s, t \in \{0,1,\cdots,T\}, s=1,2,\cdots,S \\ y_{ij}^s(t) \leqslant x_{ij}, (i,j) \in A, s=1,2,\cdots,S, t \leqslant \tilde{T} \end{cases}$$

(6-13)

6.3　求解算法

式(6-13)是一个包含两类决策变量(即 x_{ij} 和 $y_{ij}^s(t)$)的整数规划模型。在该模型中,耦合约束式(6-11)为复杂约束,导致该模型不能在多项式时间内求解,因此本章拟采用拉格朗日松弛算法将该耦合约束松弛至目标函数中。下面引入耦合约束式(6-11)的拉格朗日乘子 $\alpha_{ij}^s(t), (i,j) \in A_s, s=1,2,\cdots,S, t \leqslant \tilde{T}$,则该复杂约束可按以下形式松弛至目标函数中:

$$\sum_{s=1}^{S} \sum_{t \leqslant \tilde{T}} \sum_{(i,j) \in A} \alpha_{ij}^s(t)(y_{ij}^s(t) - x_{ij}) \tag{6-14}$$

因此,将式(6-14)松弛至目标函数后,可得原模型式(6-13)的松弛模型如下:

$$\begin{cases} \min \sum_{(i,j) \in A} p_{ij} x_{ij} + \sum_{s=1}^{S} \left(\mu_s \cdot \sum_{(i,j) \in A_s} c_{ij}^s(t) \cdot y_{ij}^s(t) \right) + \sum_{s=1}^{S} \sum_{t \leqslant \tilde{T}} \sum_{(i,j) \in A} \alpha_{ij}^s(t)(y_{ij}^s(t) - x_{ij}) \\ \text{s.t.} \\ \sum_{(i,j) \in A} x_{ij} - \sum_{(j,i) \in A} x_{ij} = d_i, \forall i \in V \\ \sum_{(i_t, j_{t'}) \in A_s} y_{ij}^s(t) - \sum_{(j_{t'}, i_t) \in A_s} y_{ji}^s(t') = d_i^s(t), \forall i \in V, t \in \{0,1,\cdots,T\}, s=1,2,\cdots,S \\ 0 \leqslant x_{ij} \leqslant u_{ij}, \forall (i,j) \in A \\ 0 \leqslant y_{ij}^s(t) \leqslant u_{ij}^s(t), \forall (i,j) \in A_s, t \in \{0,1,\cdots,T\}, s=1,2,\cdots,S \end{cases} \tag{6-15}$$

接下来,通过将松弛模型式(6-15)的各变量合并同类项,该模型的目标函数可改写为如下形式:

$$\min \sum_{(i,j) \in A} \left(p_{ij} - \sum_{s=1}^{S} \sum_{t \leqslant \tilde{T}} \alpha_{ij}^s(t) \right) x_{ij} + \sum_{s=1}^{S} \sum_{(i,j) \in A} \left(\sum_{t \in \{0,1,\cdots,T\}} \mu_s \cdot c_{ij}^s(t) + \sum_{t \leqslant \tilde{T}} \alpha_{ij}^s(t) \right) y_{ij}^s(t) \tag{6-16}$$

进一步地,该模型可分解为如下两个子问题。

子问题 1:最小费用流问题

松弛模型式(6-15)的第一个子问题为经典最小费用流问题,形式如下:

$$\begin{cases} \min \text{SP1}(\alpha) = \sum_{(i,j) \in A} \left(p_{ij} - \sum_{s=1}^{S} \sum_{t \leqslant \tilde{T}} \alpha_{ij}^s(t) \right) x_{ij} \\ \text{s.t.} \\ \sum_{(i,j) \in A} x_{ij} - \sum_{(j,i) \in A} x_{ij} = d_i, \forall i \in V \\ 0 \leqslant x_{ij} \leqslant u_{ij}, \forall (i,j) \in A \end{cases} \tag{6-17}$$

其中，$g_{ij} = p_{ij} - \sum_{s=1}^{S}\sum_{t \leqslant \widetilde{T}} \alpha_{ij}^s(t)$ 表示路段 (i,j) 的广义费用，因此子问题式(6-17)可用最小费用路算法求解。此时，子问题 1 的最优目标值简记为 $Z_{\mathrm{SP1}}^*(\alpha)$。为了本章的完整性，下面对最小费用路算法进行介绍。

最小费用路算法[9]也称为连续最短路算法（Successive Shortest Path Algorithm），该算法由 Jewell[155]，Iri[156]，Busacker 和 Gowen[157]等人提出。最小费用路算法的目标是在网络 $G=(V,A,C,U,D)$ 中计算流量值为 v 的最小费用流 $\boldsymbol{x}$，具体步骤如下[9]。

步骤 1：取 $\boldsymbol{x}$ 为任一 OD 间的可行流，且在具有相同流量值的可行流中 $\boldsymbol{x}$ 具有最小输送费用。

步骤 2：若 $\boldsymbol{x}$ 的流量值达到 v，算法结束；否则在残量网络 $N(x)=(V,A(x),C(x),U(x),D)$ 中搜索最小费用路（如用标号修正算法求解），若无最小费用路，则流量值不可达到 v，算法结束；否则执行步骤 3。其中残量网络 $N(x)$ 中的 $A(x)$、$C(x)$、$U(x)$ 定义如下：

$$A(x) = \{(i,j) \mid (i,j) \in A, x_{ij} < u_{ij}\} \cup \{(j,i) \mid (j,i) \in A, x_{ji} > 0\}$$

$$c_{ij}(x) = \begin{cases} c_{ij}, & (i,j) \in A, x_{ij} < u_{ij} \\ -c_{ji}, & (j,i) \in A, x_{ji} > 0 \end{cases}$$

$$u_{ij}(x) = \begin{cases} u_{ij} - x_{ij}, & (i,j) \in A, x_{ij} < u_{ij} \\ x_{ji}, & (j,i) \in A, x_{ji} > 0 \end{cases}$$

步骤 3：沿该最小费用路来增广流量，若增广后的流量值不超过 v，转至步骤 2。

子问题 2：时间相关的动态最小费用流问题

松弛模型式(6-15)的第二个子问题是时间相关的动态最小费用流问题：

$$\begin{cases} \min \mathrm{SP2}(\alpha) = \sum_{s=1}^{S}\sum_{(i,j) \in A}\sum_{t \in \{0,1,\cdots,T\}} \left(\mu_s \cdot c_{ij}^s(t) + \sum_{t \leqslant \widetilde{T}} \alpha_{ij}^s(t)\right) y_{ij}^s(t) \\ \text{s.t. } \sum_{(i_t,j_{t'}) \in A_s} y_{ij}^s(t) - \sum_{(j_{t'},i_t) \in A_s} y_{ji}^s(t') = d_i^s(t), \forall i \in V, t \in \{0,1,\cdots,T\}, s=1,2,\cdots,S \\ 0 \leqslant y_{ij}^s(t) \leqslant u_{ij}^s(t), \forall (i,j) \in A_s, t \in \{0,1,\cdots,T\}, s=1,2,\cdots,S \end{cases}$$

(6-18)

子问题 2 中可进一步分解为 S 个场景下的动态最小费用流问题进行求解，该问题的最优目标值简记为 $Z_{\mathrm{SP2}}^*(\alpha)$，其中路段 (i,j) 的广义费用为

$$g_{ij}^s(t) = \begin{cases} \mu_s \cdot c_{ij}^s(t) + \alpha_{ij}^s(t), & t \leqslant \widetilde{T} \\ \mu_s \cdot c_{ij}^s(t), & \widetilde{T} < t \leqslant T \end{cases}$$

由于子问题 2 是时间相关的动态网络流问题，因此最小费用路算法的步骤 2 寻找最小

费用路时不能用标号修正算法,需用改进的标号修正算法求解。其中残量网络 $N(y(t))$ 中的 $A(y(t))$,$C(y(t))$,$U(y(t))$ 定义如下:

$$A_s(y(t)) = \{(i_{t'},j_{t'}) \mid (i_{t'},j_{t'}) \in A_s, y_{ij}^s < u_{ij}^s\} \bigcup \{(j_{t'},i_t) \mid (j_{t'},i_t) \in A, y_{ij}^s > 0\}, s = 1,2,\cdots,S$$

$$c_{ij}^s(y(t)) = \begin{cases} c_{ij}^s(t), & (i_{t'},j_{t'}) \in A_s, y_{ij}^s(t) < u_{ij}^s(t), t \in \{0,1,\cdots,T\} \\ -c_{ji}^s(t'), & (j_{t'},i_t) \in A_s, \forall \{t' \in \{0,1,\cdots,T\} \mid y_{ji}^s(t') > 0\}, s = 1,2,\cdots,S \\ T, & (j_{t'},i_t) \in A_s, \forall \{t' \in \{0,1,\cdots,T\} \mid y_{ji}^s(t') = 0\} \end{cases}$$

$$u_{ij}^s(y(t)) = \begin{cases} u_{ij}^s(t) - y_{ij}^s(t), & (i_{t'},j_{t'}) \in A_s, y_{ij}^s(t) < u_{ij}^s(t), t \in \{1,2,\cdots,T\} \\ y_{ji}^s(t), & (j_{t'},i_t) \in A_s, \forall \{t' \in \{0,1,\cdots,T\} \mid y_{ji}^s(t') > 0\}, s = 1,2,\cdots,S \\ 0, & (j_{t'},i_t) \in A_s, \forall \{t' \in \{0,1,\cdots,T\} \mid y_{ji}^s(t') = 0\} \end{cases}$$

对于给定的拉格朗日乘子向量 α,松弛模型式(6-15)的最优目标值 Z_{LR}^* 可表示如下:

$$Z_{LR}^*(\alpha) = Z_{SP1}^*(\alpha) + Z_{SP2}^*(\alpha) \tag{6-19}$$

显然,松弛模型式(6-19)的最优目标值为原模型式(6-13)最优目标值的下界。为了得到高质量的解,则需获取接近原模型最优目标值的下界,即得到尽可能大的下界,其表达式如下:

$$Z_{LD}(\alpha^*) = \max_{\alpha \geqslant 0} Z_{LR}(\alpha)$$

与第 4 章和第 5 章类似,我们通过次梯度优化算法不断地缩小模型上界和下界的差值,以得到模型式(6-13)的近似最优解。由于次梯度优化算法的具体求解步骤在第 4 章有详细介绍,这里不再赘述。然而,模型上界的更新是次梯度优化算法的难点,下面介绍上界的更新策略。具体地,在次梯度优化算法的每次迭代中,松弛模型的子问题 1 可生成一个疏散方案,子问题 2 在各场景下均可生成一个疏散方案,即松弛模型最终生成 $1+S$ 个疏散方案,且均为原模型的可行解。因此,我们将每次迭代中生成的 $1+S$ 个可行方案分别代入原模型式(6-13)中来更新上界,公式如下所示,其中 μ 表示迭代次数:

$$UB_\mu \leftarrow \min\{UB_{\mu+1}, \min_{s \in \{1,2,\cdots,S+1\}} UB_\mu^s\} \tag{6-20}$$

6.4 算　例

本章将通过一个规模为 10×10 的格子网络算例(如图 6-3 所示)来验证次梯度优化算法求解两阶段疏散路径规划模型的有效性。假设 500 辆车需疏散至安全区域,且灾难持续时间为 100 min,以 1 min 为单位增长区间,将该灾难时段离散为 100 个时间区间。在数据初始化阶段,根据路段长度,随机生成基于场景且与时间相关的动态路段通行时间和通行能力。

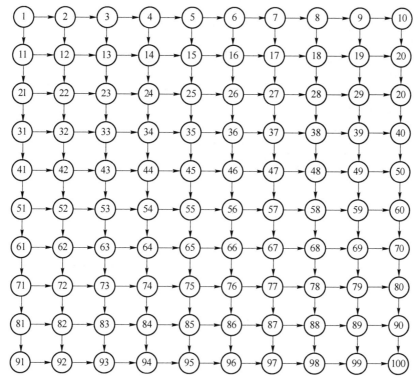

图 6-3 一个 10×10 的格子网络

6.4.1 不同时间阈值算例

该组实验假设场景数量为 10,并设置模型第一阶段的路段惩罚值为 $p_{ij}=2\,\min,\forall\,(i,j)\in A$。下面分别对 3 组 OD 对的不同时间阈值 $\tilde{T}$ 进行分析,假设时间阈值 $\tilde{T}=2,3,4,5,6,7,8$(单位:min)。

由表 6-1 可知,3 组 OD 对在取不同时间阈值时上界和下界的相对差值均在 7% 之内。对于 OD 对 1→25 和 31→66,当时间阈值为 2 时,相对差值仅为 0.61% 和 0.85%;而最大的相对差值 6.58% 出现在 OD 对 11→44 取时间阈值 8 时,在实际应用中,该相对差值在可接受范围内。为了更加清晰地分析这 3 组 OD 对在不同时间阈值下的相对差值,图 6-4 绘制出相对差值的折线图。如图 6-4 所示,3 组实验的相对差值随时间阈值的增大而增大,上界和下界间的相对差值呈逐渐增大趋势,这表明获取实时信息越早,得到的解越接近最优解。

表 6-1 不同时间阈值下的实验结果

OD 序列	时间阈值	下界(LB)	上界(UB)	相对差值
1→25	2	13 815.1	13 900	0.61%
	3	13 807.2	13 954.4	1.05%

续表

OD 序列	时间阈值	下界(LB)	上界(UB)	相对差值
1→25	4	13 814.4	13 997	1.30%
	5	13 799.4	13 997	1.41%
	6	13 795.8	14 269.4	3.32%
	7	13 785.7	14 075.2	2.06%
	8	13 792.4	14 265.8	3.32%
11→44	2	13 611.6	13 801.8	1.37%
	3	13 585.6	13 838.4	1.83%
	4	13 548.9	14 060	3.63%
	5	13 496.5	14 110.4	4.35%
	6	13 496.3	14 124.4	4.45%
	7	13 473.5	14 314	5.87%
	8	13 376	14 318	6.58%
31→66	2	18 154.9	18 310.5	0.85%
	3	18 092.9	18 329.4	1.29%
	4	18 042.4	18 520	2.58%
	5	18 007.8	18 650	3.44%
	6	17 944.7	18 690	3.98%
	7	17 911.5	18 649	3.95%
	8	17 896.2	18 673.1	4.16%

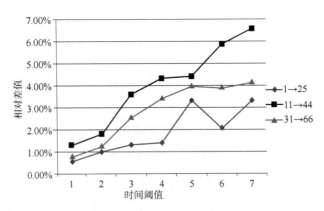

图 6-4 不同时间阈值的相对差值

6.4.2 不同场景数量算例

下面对 3 组 OD 对在不同场景数量下的实验结果进行分析,其中场景数量分别为 5,10,

15,20,25。表 6-2 给出了 3 组 OD 对(即 1→25,11→44 和 31→66)在不同场景数量下的相对差值和计算时间。由于模型规模随场景数量的增加而增大,由表 6-2 可知,随着场景数量的增加,次梯度优化算法的求解时间逐渐增加。同时图 6-5 直观地描绘出不同场景数量下模型上下界相对差值的变化情况。由该图可知,随着场景数量的增加,模型上下界的相对差值呈增长趋势,这表明场景数量的增多导致路段通行时间和通行能力的随机性增大,从而使解的质量变差。

表 6-2 不同场景数量的实验结果

OD 序列	场景数量	相对差值	计算时间(hh:mm:ss)
1→25	5	0.26%	00:01:45
	10	0.59%	00:05:36
	15	0.37%	00:08:24
	20	2.18%	00:18:23
	25	3.35%	00:33:34
11→44	5	0.10%	00:01:48
	10	1.40%	00:05:45
	15	2.11%	00:08:35
	20	2.58%	00:19:02
	25	3.12%	00:33:30
31→66	5	1.70%	00:01:50
	10	0.89%	00:06:36
	15	1.91%	00:08:49
	20	1.95%	00:19:38
	25	3.42%	00:34:03

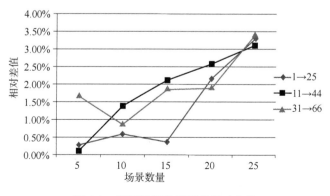

图 6-5 不同场景数量下的相对差值

6.5 本章小结

本章基于最小费用流模型及两阶段随机规划思想建立了动态随机环境下的两阶段应急疏散路径规划模型。首先,在建模过程中,将疏散过程划分为两个时间阶段,模型第一阶段生成先验疏散方案,以便在灾难发生初期受灾人员按照此方案进行疏散,这也是模型的最终输出解;模型第二阶段在获取实时信息后重新规划路径,并以此评价第一阶段的先验方案。其次,采用最小费用流模型为受灾人员分配从危险区域转移至安全区域的可靠路径。最后,设计了次梯度优化算法对模型进行求解。数值算例表明,所提出算法可求出模型的近似最优解。

第7章 总结与展望

7.1 研究总结

路径优化可广泛应用于出行者信息系统、交通应急管理等方面。通常情况下,在道路拥堵及各种不确定因素的影响下,路网属性呈现出高度动态性和不确定性。因此,本书针对动态不确定路径优化问题及其在交通应急管理中的应用开展研究。首先,将路段通行时间处理为动态离散模糊变量,提出了最优路径的三类支配准则,并基于所提出的模糊期望值支配准则,给出了求解动态模糊路网环境下期望时间最短路径的方法。其次,在考虑路径资源约束的情况下,采用基于场景并与时间相关的路段通行时间,分别建立了随机约束最短路模型和动态随机约束最短路模型。再次,将随机约束最短路模型应用于疏散路径规划问题,进一步基于最小费用流模型和两阶段随机规划思想,采用先验优化和自适应路径选择策略,建立了动态随机环境下两阶段疏散路径规划模型。最后,采用拉格朗日松弛算法将模型中不易处理的约束进行松弛,并设计了基于标号修正算法、K 最短路算法及次梯度优化算法的启发式算法求解模型的近似最优解。

本书的主要研究工作总结如下。

(1) 提出了动态模糊交通网络的最优路径支配准则。

在拥挤网络环境且缺少历史样本数据的情况下,将路段通行时间处理为动态模糊变量,提出了在单一时间区间最优路径的三类支配准则,即确定性支配准则、一阶模糊支配准则及模糊期望支配准则,进一步将这三类准则扩展至具有多个时间区间的时间区段内,并结合算例验证了这三类准则比较路径的有效性及它们之间的关系。

(2) 提出了动态模糊网络中期望时间最短路径的求解方法。

基于模糊期望支配准则,以期望通行时间最短为目标建立了多目标 0-1 模糊数学规划模型。由于模糊变量服从取大取小的运算法则而不满足加法和乘法法则,因此改进的标号修正算法或标号设定算法不能有效求解所提出的模型。鉴于此,设计了禁忌搜索算法来寻找期望时间最短路径。结果表明,禁忌搜索算法的计算效率远高于回溯法,并且能以较大概率得到模型的精确最优解。

（3）建立了随机约束最短路模型并设计拉格朗日松弛启发式算法求解。

将路段通行时间处理为基于场景的随机变量，并通过考虑路径长度、油耗等资源约束，将经典约束最短路问题扩展为随机约束最短路问题，并为其建立了以极小化期望通行时间为目标的随机约束最短路模型。为求解模型，采用拉格朗日松弛算法将模型的复杂约束至目标函数，并将松弛模型分解为两类易处理的子问题。进一步，设计了基于次梯度优化算法、标号修正算法及 K 最短路算法的启发式算法极小化模型上下界的相对差值，以得到模型的近似最优解。最后，采用基于不同路网规模的数值算例对算法性能、上下界的相对差值及计算效率进行了详细分析。结果表明，所提出的算法能够高效地求出模型的近似最优解。

（4）建立了随机环境下基于应急管理的疏散路径规划模型。

鉴于突发事件发生情况下路段通行时间和通行能力较难预测的特点，本书将突发事件对路网的破坏程度处理为离散随机场景。在路段通行能力和资源约束的基础上，通过考虑决策者的不同偏好，建立了突发事件发生情况下基于三类风险评价准则的随机疏散路径规划模型。最后，设计了结合拉格朗日松弛算法和 K 最短路算法的启发式算法对期望负效用模型进行求解。数值算例验证了算法求解大规模问题的有效性。

（5）建立了动态随机路网环境下的两阶段疏散路径规划模型。

根据突发事件发生后路段通行时间能否实时获取，将疏散过程划分为两个时间阶段，基于先验优化和自适应策略，在动态随机的路网环境下建立了两阶段随机应急疏散路径规划模型。在模型第一阶段假设不能获取路段实时信息，则需生成先验疏散方案作为参考，当灾难发生一段时间后，假设可获取路段相关信息，决策者则根据更新的路段信息调整疏散方案以使总疏散时间最小。最后，设计了拉格朗日松弛算法求解所提出的模型。数值算例验证了模型的有效性及算法的求解效率。

7.2　研究展望

本书研究了动态不确定路网条件下的路径优化问题及其在交通应急疏散路径规划中的应用。虽然已经取得一定的研究成果，但是仍存在一些值得进一步深入探讨的问题，具体概括如下。

（1）本书设计了禁忌搜索算法求解动态模糊路网中的期望时间最短路径，未来研究可继续考虑其他启发式算法，如遗传算法、模拟退火算法及蚁群算法来求解所提出的模型，进而综合评价这些算法的准确度、计算效率及有效性。

（2）作为随机约束最短路模型的扩展，本书仅简单讨论了动态随机约束最短路模型的建立及分解,后续研究有必要进一步探讨该模型的性质,并详细说明该模型考虑路段通行时间动态性的意义。

(3)本书在对应急疏散路径规划问题的研究中,假设各个区域受灾人员的数量是预知的;然而在实际中,当突发事件发生时,难以预测受灾人员的数量。鉴于此,探讨受灾人员数量不确定情况下的疏散方案是将来值得进一步研究的问题。

(4)本书运用两阶段随机规划的思想初步探讨了两阶段应急疏散路径规划问题,但是仅考虑了单OD间的人员疏散。通常情况下,受灾人员往往分布在多个区域,因此未来研究中需进一步探讨多OD间的两阶段应急疏散路径规划模型及求解方法。

(5)本书主要是基于理论模型及算法的深入探讨,与实际路网环境差距较大,例如,在疏散路径规划模型的建立过程中,仅从决策者的角度建立了总疏散时间最短的车辆应急疏散路径规划模型,而未考虑车辆行驶过程中受灾人员的选择行为。因此,未来可进一步考虑实际行驶过程中受灾人员的选择行为,通过综合考虑决策者和受灾人员的共同利益来建立双层规划模型。

(6)本书第4章至第6章所提出的优化模型均采用拉格朗日松弛启发式算法对所建立的模型进行求解。然而,该启发式算法可能存在收敛速度慢的局限性,因此需要进一步地探讨其他一些有效算法求解本书所提出的模型,并与本书的启发式算法从计算效率、解的精确性等方面进行比较。

参 考 文 献

[1] 北京市统计局,国家统计局北京调查总队. 北京市 2019 年国民经济和社会发展统计公报[EB/OL]. (2020-03-20). http://jtgl.beijing.gov.cn/.

[2] 刘宝碇. 不确定规划及应用[M]. 北京:清华大学出版社,2003.

[3] DEMBO R S. Scenario optimization[J]. Annals of Operations Research,1991,30(1-4):63-80.

[4] NIE Y,WU X. Shortest path problem considering on-time arrival probability[J]. Transportation Research Part B:Methodological,2009,43(6):597-613.

[5] DIJKSTRA E W. A note on two problems in connexion with graphs[J]. Numerische Mathematics,1959,1(1):269-271.

[6] FORDL R,FULKERSON D R. Flow in networks[M]. Princeton:Princeton University Press,1962.

[7] FLOYDR W. Algorithm 97:shortest path[J]. Communications of the ACM,1962,5(6):345.

[8] HOFFMAN W,Pavley R. A method for the solution of the Nth best path problem[J]. Journal of the ACM,1959,6(4):506-514.

[9] 谢金星,邢文训,王振波. 网络优化[M]. 北京:清华大学出版社,2009.

[10] 徐涛,丁晓璐,李建伏. K 最短路径算法综述[J]. 计算机工程与设计,2013,34(11):3900-3906.

[11] GLOVER F. Tabu search—Part I[J]. Informs Journal on Computing,1990,1(1):89-98.

[12] 林澜,闫春钢,蒋昌俊,等. 动态网络最短路问题的复杂性与近似算法[J]. 计算机学报,2007,30(4):608-614.

[13] 何俊,戴浩,宋自林,等. 时间依赖的交通网络模型及最短路径算法[J]. 解放军理工大学学报:自然科学版,2005,6(6):541-544.

[14] 刘建美,马寿峰,马帅奇. 基于改进的 Dijkstra 算法的动态最短路计算方法[J]. 系统工程理论与实践,2011,31(6):1153-1157.

[15] ZILIASKOPOULOS A K, Mahmassani H S. Time-dependent, shortest-path algorithm for real-time intelligent vehicle highway system applications[J]. Transportation Research Record,1993,1408:94-100.

[16] GRIER N, CHABINI I. A new approach to compute minimum time path trees in FIFO time dependent networks[C]. The IEEE, International Conference on Intelligent Transportation Systems,2002:485-490.

[17] MILLER-HOOKS E D, SORREL G. Maximal dynamic expected flows problem for emergency evacuation planning[J]. Transportation Research Record, 2008, 2089: 26-34.

[18] MILLER-HOOKS E D. Optimal routing in time-varying, stochastic networks: algorithms and implementations[D]. Austin: The University of Texas at Austin,1997.

[19] MILLER-HOOKS E D. Adaptive least-expected time paths in stochastic, time-varying transportation and data networks[J]. Networks,2001,37(1):35-52.

[20] CHEN B Y, LAM W H K, SUMALEE A, et al. Finding reliable shortest paths in road networks under uncertainty[J]. Networks & Spatial Economics,2013,13(2): 123-148.

[21] FU L, RILETT L R. Expected shortest paths in dynamic and stochastic traffic networks[J]. Transportation Research Part B: Methodological,1998,32(7):499-516.

[22] SUN L S, GU W G, MAHMASSANI H M. Estimation of expected travel time using the method of moment[J]. Canadian Journal of Civil Engineering, 2011, 38(2): 154-165.

[23] LIU B. Theory and practice of uncertain programming[M]. Heidelberg: Physica-Verlag,2002.

[24] CHEN A, JI Z. Path finding under uncertainty[J]. Journal of Advanced Transportation, 2005,39(1):19-37.

[25] XING T, ZHOU X. Finding the most reliable path with and without link travel time correlation: a lagrangian substitution based approach[J]. Transportation Research Part B: Methodological,2011,45(10):1660-1679.

[26] YANG L, ZHOU X. Constraint reformulation and a Lagrangian relaxation-based solution algorithm for a least expected time path problem[J]. Transportation Research Part B: Methodological,2014,59(1):22-44.

[27] WU X. Study on mean-standard deviation shortest path problem in stochastic and time-dependent networks: a stochastic dominance based approach[J]. Transportation Research Part B: Methodological, 2015, 80(10): 275-290.

[28] CHEN B Y, LAM W H K, SUMALEE A, et al. Reliable shortest path problems in stochastic time-dependent networks[J]. Journal of Intelligent Transportation Systems, 2014; 18(2), 177-189.

[29] KHANI A, BOYLES S D. An exact algorithm for the mean-standard deviation shortest path problem[J]. Transportation Research Part B: Methodological, 2015, 81(11): 252-266.

[30] DONG W, HAI L V, NAZARATHY Y, et al. Shortest paths in stochastic time-dependent networks with link travel time correlation[J]. Transportation Research Record, 2013(2338): 58-66.

[31] CHEN B Y, LAM W H K, LI Q, et al. Shortest path finding problem in stochastic time-dependent road networks with stochastic first-in-first-out property[J]. IEEE Transactions on Intelligent Transportation Systems, 2013, 14(4): 1907-1917.

[32] CHEN B Y, LAM W H K, SUMALEE A, et al. Reliable shortest path finding in stochastic networks with spatial correlated link travel times[J]. International Journal of Geographical Information Science, 2012, 26(2): 365-386.

[33] HUANG H, GAO S. Optimal paths in dynamic networks with dependent random link travel times[J]. Transportation Research Part B: Methodological, 2012, 46(5): 579-598.

[34] YANG L, JI X, GAO Z, et al. Logistics distribution centers location problem and algorithm under fuzzy environment[J]. Journal of Computational & Applied Mathematics, 2007, 208(2): 303-315.

[35] MAHDAVI I, NOURIFAR R, HEIDARZADE A, et al. A dynamic programming approach for finding shortest chains in a fuzzy network[J]. Applied Soft Computing, 2009, 9(2): 503-511.

[36] KUMAR A, KAUR A. Methods for solving unbalanced fuzzy transportation problems[J]. Operational Research, 2012, 12(3): 287-316.

[37] WONG W K, BAI E, CHU A W C. Adaptive time-variant models for fuzzy-time-series forecasting[J]. IEEE Transactions on Systems, Man, and Cybernetics, Part B (Cybernetics), 2010, 40(6): 1531-1542.

[38] ZHENG Y J,LING H F. Emergency transportation planning in disaster relief supply chain management:a cooperative fuzzy optimization approach[J]. Soft Computing, 2013,17(7):1301-1314.

[39] HALL R W. The fastest path through a network with random time-dependent travel times[J]. Transportation Science,1986,20(3):182-188.

[40] FU L. An adaptive routing algorithm for in-vehicle route guidance systems with real-time information[J]. Transportation Research Part B:Methodological,2001,35(8): 749-765.

[41] YANG B,MILLER-HOOKS E D. Adaptive routing considering delays due to signal operations[J]. Transportation Research Part B: Methodological, 2004, 38 (5): 385-413.

[42] GAO S,CHABINI I. Optimal routing policy problems in stochastic time-dependent networks [J]. Transportation Research Part B:Methodological,2006,40(2):93-122.

[43] SAMARANAYAKE S,BLANDIN S,BAYEN A. A tractable class of algorithms for reliable routing in stochastic networks [J]. Transportation Research Part C: Emerging Technologies,2012,20(1):199-217.

[44] NIELSEN L R. Route choice in stochastic time-dependent networks[M]. Aahus: University of Aarhus,2004.

[45] CHEN B Y. Reliable shortest path problems in networks under uncertainty:models,algorithms and applications[D]. Hong Kong:Hong Kong Polytechnic University,2012.

[46] ZENG W,MIWA T,WAKITA Y,et al. Application of Lagrangian relaxation approach to α-reliable path finding in stochastic networks with correlated link travel times [J]. Transportation Research Part C:Emerging Technologies ,2015,56:309-334.

[47] MILLER-HOOKS E D,MAHMASSANI H. Path comparisons for a priori and time-adaptive decisions in stochastic, time-varying networks[J]. European Journal of Operational Research,2003,148(1):67-82.

[48] WELLMAN M P,FORD M,LARSON K. Path planning under time-dependent uncertainty [C]. Proceedings of the Eleventh Conference on Uncertainty in Artificial Intelligence. Morgan Kaufmann Publishers Inc. ,1995:532-539.

[49] MILLER-HOOKS E D,MAHMASSANI H S. Least expected time paths in stochastic, time-varying transportation networks[J]. Transportation Science,2000,34(2):198-215.

[50] NIE Y, WU X. Reliable a priori shortest path problem with limited spatial and temporal dependencies[M]//Transportation and traffic theory 2009: golden jubilee. New York: Springer US, 2009: 169-195.

[51] MILLER-HOOKS E D, MAHMASSANI H S, ZILIASKOPOULOS A K. Path search techniques for transportation networks with time-dependent, stochastic arc costs[C]. Systems, Man and Cybernetics, 1994, 2: 1716-1721.

[52] WU X, NIE Y. Implementation issues for the reliable a priori shortest path problem [J]. Transportation Research Record, 2009(2091): 51-60.

[53] RICHETTA O, ODONI A R. Dynamic solution to the ground-holding problem in air traffic control[J]. Transportation Research Part A: Policy and Practice, 1994, 28(3): 167-185.

[54] MUKHERJEE A, HANSEN M. A dynamic stochastic model for the single airport ground holding problem[J]. Transportation Science, 2007, 41(4): 444-456.

[55] BERTSIMAS D, PATTERSON S S. The traffic flow management rerouting problem in air traffic control: A dynamic network flow approach[J]. Transportation Science, 2000, 34(3): 239-255.

[56] BERTSIMAS D, LULLI G, ODONI A. The air traffic flow management problem: an integer optimization approach[C]. International Conference on Integer Programming and Combinatorial Optimization. Springer Berlin Heidelberg, 2008: 34-46.

[57] SBAYTI H, MAHMASSANI H. Optimal scheduling of evacuation operations[J]. Transportation Research Record, 2006(1964): 238-246.

[58] LIU Y, LAI X, CHANG G L. Two-level integrated optimization system for planning of emergency evacuation[J]. Journal of Transportation Engineering, 2006, 132(10): 800-807.

[59] CHIU Y C, ZHENG H, VILLALOBOS J, et al. Modeling no-notice mass evacuation using a dynamic traffic flow optimization model[J]. IIE Transactions, 2007, 39(1): 83-94.

[60] COVA T J, JOHNSON J P. A network flow model for lane-based evacuation routing [J]. Transportation Research Part A: Policy and Practice, 2003, 37(7): 579-604.

[61] 蒋忠中, 汪定伟. 物流配送车辆路径优化的模糊规划模型与算法[J]. 系统仿真学报, 2006, 18(11): 3301-3304.

[62] 石玉峰. 战时不确定性运输路径优化研究[D]. 成都:西南交通大学,2006.

[63] 张潜,李钟慎,胡祥培. 基于模糊优化的物流配送路径(MLRP)问题研究[J]. 控制与决策,2006,21(6):689-692.

[64] 王谷,过秀成. 不确定网络路径优化模型及算法研究[J]. 交通信息与安全,2007,25(4):50-52.

[65] 李彦来,孙会君,吴建军. 基于模糊机会约束的物流配送路径优化[J]. 物流技术,2007,26(8):100-102.

[66] 邱颖,史其信,陆化普. 基于GPS信息的物流配送车辆路径优化模型[J]. 武汉理工大学学报(交通科学与工程版),2008,32(1):187-190.

[67] 宋瑞,何世伟,章力. 紧急疏散情况下的公交车运行计划优化研究[J]. 交通运输系统工程与信息,2009,9(6):154-160.

[68] 谢小良,符卓. 模糊机会约束规划下的物流配送路径优化[J]. 计算机工程与应用,2009,45(18):215-218.

[69] 郑龙,周经伦,易凡,等. 大规模随机运输网络的路径优化[J]. 系统工程理论与实践,2009,29(10):85-93.

[70] 王清斌,韩增霞,计明军,等. 基于节点作业随机特征的集装箱多式联运路径优化[J]. 交通运输系统工程与信息,2011,11(6):137-144.

[71] 王君. 不确定因素下车辆路径问题建模及优化方法研究[D]. 天津:天津大学,2011.

[72] 程国萍,陈德旭,关贤军. 不确定环境下的地震应急救援路径优化研究[J]. 价值工程,2015(17):175-178.

[73] 张晓楠,范厚明. 模糊需求车辆路径优化及实时调整[J]. 上海交通大学学报,2016,50(1):123-130.

[74] DANTZIG G B. On the shortest route through a network[J]. Management Science,1960,6(2):187-190.

[75] WITZGALL C,GOLDMAN A J. Most profitable routing before maintenance[C]. In Proceedings of the 27th National ORSA Meeting,1965,13:82.

[76] LAVOIE S,MINOUX M,ODIER E. A new approach for crew pairing problems by column generation with an application to air transportation[J]. European Journal of Operational Research,1988,35(1):45-58.

[77] GAMACHE M,SOUMIS F,MARQUIS G,et al. A column generation approach for large-scale aircrew rostering problems[J]. Operations Research,1999,47(2):247-263.

[78] SALAZAR-GONZáLEZ J J. Approaches to solve the fleet-assignment, aircraft-routing, crew-pairing and crew-rostering problems of a regional carrier[J]. Omega,2014,43:71-82.

[79] LEE S H. Route optimization model for strike aircraft[J]. Monterey California Naval Postgraduate School,1995,9:73.

[80] LATOURELL J L,WALLET B C,COPELAND B. Genetic algorithm to solve constrained routing problem with applications for cruise missile routing[C]//Aerospace/Defense Sensing and Controls. International Society for Optics and Photonics,1998:490-500.

[81] MARTINS E Q V. On a multicriteria shortest path problem[J]. European Journal of Operational Research,1984,16(2):236-245.

[82] TARAPATA Z. Selected multicriteria shortest path problems:an analysis of complexity, models and adaptation of standard algorithms[J]. International Journal of Applied Mathematics and Computer Science,2007,17(2):269-287.

[83] Michael R G,David S J. Computers and intractability:a guide to the theory of NP-completeness[M]. San Francisco:WH Freeman and Company,1979.

[84] JOKSCH H C. The shortest route problem with constraints[J]. Journal of Mathematical Analysis and Applications,1966,14(2):191-197.

[85] ANEJA Y P,AGGARWAL V,NAIR K P K. Shortest chain subject to side constraints [J]. Networks,1983,13(2):295-302.

[86] HANDLER G Y,ZANG I. A dual algorithm for the constrained shortest path problem[J]. Networks,1980,10(4):293-309.

[87] BEASLEY J E,CHRISTOFIDES N. An algorithm for the resource constrained shortest path problem[J]. Networks,1989,19(4):379-394.

[88] AVELLA P,BOCCIA M,SFORZA A. A penalty function heuristic for the resource constrained shortest path problem[J]. European Journal of Operational Research, 2002,142(2):221-230.

[89] BOLAND N,DETHRIDGE J,DUMITRESCU I. Accelerated label setting algorithms for the elementary resource constrained shortest path problem[J]. Operations Research Letters,2006,34(1):58-68.

[90] SANTOS L,COUTINHO-RODRIGUES J,CURRENT J R. An improved solution algorithm for the constrained shortest path problem[J]. Transportation Research Part B:Methodological,2007,41(7):756-771.

[91] ZHU X, WILHELM W E. Three-stage approaches for optimizing some variations of the resource constrained shortest-path sub-problem in a column generation context [J]. European Journal of Operational Research, 2007, 183(2): 564-577.

[92] ZHU X, WILHELM W E. A three-stage approach for the resource-constrained shortest path as a sub-problem in column generation[J]. Computers & Operations Research, 2012, 39(2): 164-178.

[93] LOZANO L, MEDAGLIA A L. On an exact method for the constrained shortest path problem[J]. Computers & Operations Research, 2013, 40(1): 378-384.

[94] MA T Y. An a* label-setting algorithm for multimodal resource constrained shortest path problem[J]. Procedia-Social and Behavioral Sciences, 2014, 111: 330-339.

[95] SHEFFI Y, MAHMASSANI H, POWELL W B. A transportation network evacuation model [J]. Transportation Research Part A: Policy and Practice, 1982, 16(3): 209-218.

[96] YAMADA T. A network flow approach to a city emergency evacuation planning[J]. International Journal of Systems Science, 1996, 27(10): 931-936.

[97] HAMACHER H W, TJANDRA S A. Mathematical modelling of evacuation problems: a state of art[M]. Kaiserslautern: Fraunhofer-Institut für Techno-und Wirtschaftsmathematik, 2001.

[98] XIE C, TURNQUIST M A. Lane-based evacuation network optimization: an integrated Lagrangian relaxation and tabu search approach[J]. Transportation Research Part C: Emerging Technologies, 2011, 19(1): 40-63.

[99] LU Q, HUANG Y, SHEKHAR S. Evacuation planning: a capacity constrained routing approach[C]. International Conference on Intelligence and Security Informatics. Springer Berlin Heidelberg, 2003: 111-125.

[100] LU Q, GEORGE B, SHEKHAR S. Capacity constrained routing algorithms for evacuation planning: a summary of results[C]. International Symposium on Spatial and Temporal Databases. Springer Berlin Heidelberg, 2005: 291-307.

[101] HAN L D, YUAN F, CHIN S M, et al. Global optimization of emergency evacuation assignments[J]. Interfaces, 2006, 36(6): 502-513.

[102] CHIU Y C, ZHENG H. Real-time mobilization decisions for multi-priority emergency response resources and evacuation groups: model formulation and solution [J]. Transportation Research Part E: Logistics and Transportation Review, 2007, 43(6): 710-736.

[103] BRETSCHNEIDER S, KIMMS A. A basic mathematical model for evacuation problems in urban areas[J]. Transportation Research Part A: Policy and Practice, 2011, 45(6): 523-539.

[104] HELBING D, FARKAS I J, MOLNAR P, et al. Simulation of pedestrian crowds in normal and evacuation situations[J]. Pedestrian and Evacuation Dynamics, 2002, 21(2): 21-58.

[105] MURRAY-TUITE P, MAHMASSANI H. Model of household trip-chain sequencing in emergency evacuation[J]. Transportation Research Record, 2003(1831): 21-29.

[106] MURRAY-TUITE P, MAHMASSANI H. Transportation network evacuation planning with household activity interactions[J]. Transportation Research Record, 2004(1894): 150-159.

[107] CHIU Y C, MIRCHANDANI P B. Online behavior-robust feedback information routing strategy for mass evacuation[J]. IEEE Transactions on Intelligent Transportation Systems, 2008, 9(2): 264-274.

[108] BALAKRISHNA R, WEN Y, BEN-AKIVA M, et al. Simulation-based framework for transportation network management in emergencies[J]. Transportation Research Record, 2008(2041): 80-88.

[109] MURRAY-TUITE P, WOLSHON B. Evacuation transportation modeling: an overview of research, development, and practice[J]. Transportation Research Part C: Emerging Technologies, 2013, 27: 25-45.

[110] QU Y, GAO Z, XIAO Y, et al. Modeling the pedestrian's movement and simulating evacuation dynamics on stairs[J]. Safety Science, 2014, 70: 189-201.

[111] GAO Z, QU Y, LI X, et al. Simulating the dynamic escape process in large public places[J]. Operations Research, 2014, 62(6): 1344-1357.

[112] YAZICI M, OZBAY K. Impact of probabilistic road capacity constraints on the spatial distribution of hurricane evacuation shelter capacities[J]. Transportation Research Record, 2007(2022): 55-62.

[113] YAZICI M, OZBAY K. Evacuation network modeling via dynamic traffic assignment with probabilistic demand and capacity constraints[J]. Transportation Research Record, 2010(2196): 11-20.

[114] NG M W, WALLER S T. Reliable evacuation planning via demand inflation and supply deflation[J]. Transportation Research Part E: Logistics and Transportation Review, 2010, 46(6): 1086-1094.

[115] NG M W,LIN D Y. Sharp probability inequalities for reliable evacuation planning[J]. Transportation Research Part C:Emerging Technologies,2015,60:161-168.

[116] LI J,OZBAY K. Evacuation planning with endogenous transportation network degradations: a stochastic cell-based model and solution procedure[J]. Networks and Spatial Economics,2015,15(3):677-696.

[117] AHUJA R K,MAGNANTI T L,ORLIN J B. Network flows:theory,algorithms,and applications[M]. Upper Saddle River:Prentice Hall,1993.

[118] YANG L,ZHOU X,GAO Z. Rescheduling trains with scenario-based fuzzy recovery time representation on two-way double-track railways[J]. Soft Computing,2013,17(4):605-616.

[119] YANG L,ZHOU X,GAO Z. Credibility-based rescheduling model in a double-track railway network: a fuzzy reliable optimization approach[J]. Omega,2014,48:75-93.

[120] LIU P,YANG L,WANG L,et al. A solid transportation problem with type-2 fuzzy variables[J]. Applied Soft Computing,2014,24:543-558.

[121] ZADEH L A. Fuzzy sets as a basis for a theory of possibility[J]. Fuzzy Sets & Systems,1978,1(1):3-28.

[122] LIU B. Uncertainty Theory:an introduction to its Axiomatic Foundations[M]. New York:Springer-Verlag Berlin Heidelberg,2004.

[123] LIU B,LIU Y K. Expected value of fuzzy variable and fuzzy expected value models[J]. IEEE Transactions on Fuzzy Systems,2002,10(4):445-450.

[124] ROSENFELD A. Fuzzy graphs[J]. Fuzzy Sets & Their Applications to Cognitive & Decision Processes,1975,12:77-95.

[125] ROBERTS D W. Analysis of forest succession with fuzzy graph theory[J]. Ecological Modelling,1989,45(4):261-274.

[126] KOSKO,B. Fuzzy cognitive maps[J]. International Journal of Man-Machine Studies,1986,24(1):65-75.

[127] 徐玖平,李军. 多目标决策的理论与方法[M]. 北京:清华大学出版社,2005.

[128] DREYFUS S E. An appraisal of some shortest-path algorithms[J]. Operations Research,1969,17(3):395-412.

[129] KAUFMAN D E. Minimum travel time paths in dynamic networks with application to intelligent vehicle/highway systems[J]. Ivhs Technical Report,1990.

[130] YANG L, YANG X, YOU C. Stochastic scenario-based time-stage optimization model for the least expected time shortest path problem[J]. International Journal of Uncertainty Fuzziness and Knowledge-Based Systems, 2013, 21(supp01): 17-33.

[131] ZHENG Y, LIU B. Fuzzy vehicle routing model with credibility measure and its hybrid intelligent algorithm[J]. Applied Mathematics & Computation, 2006, 176(2): 673-683.

[132] COHON J L. Multiobjective Programming and Planning[M]. Salt Lake City: Academic Press, 1978: 56-75.

[133] ZHENG Y, SHI H, CHEN S. Fuzzy combinatorial optimization with multiple ranking criteria: a staged tabu search framework[J]. Pacific Journal of Optimization, 2012, 8(3): 457-472.

[134] YANG L, LIU L. Fuzzy fixed charge solid transportation problem and algorithm[J]. Applied Soft Computing, 2007, 7(3): 879-889.

[135] FRANK H. Shortest paths in probabilistic graphs[J]. Operations Research, 1969, 17(4): 583-599.

[136] SIVAKUMAR R A, BATTA R. The variance-constrained shortest path problem[J]. Transportation Science, 1994, 28(4): 309-316.

[137] YANG L, ZHANG Y, LI S, et al. A two-stage stochastic optimization model for the transfer activity choice in metro networks[J]. Transportation Research Part B: Methodological, 2016, 83: 271-297.

[138] YANG L, ZHOU X. Optimizing on-time arrival probability and percentile travel time for elementary path finding in time-dependent transportation networks: linear mixed integer programming reformulations[J]. Transportation Research Part B: Methodological, 2017, 96: 68-91.

[139] CARLYLE W M, ROYSET J O, KEVIN WOOD R. Lagrangian relaxation and enumeration for solving constrained shortest path problems[J]. Networks, 2008, 52(4): 256-270.

[140] BIRGE J R. Current trends in stochastic programming computation and applications[J]. Technique Report, 1995, 8: 1-37.

[141] FISHER M L. The Lagrangian relaxation method for solving integer programming problems[J]. Management Science, 2004, 50(12_supplement): 1861-1871.

[142] DUMITRESCU I, BOLAND N. Improved preprocessing, labeling and scaling algorithms for the weight-constrained shortest path problem[J]. Networks, 2003, 42(3): 135-153.

[143] ZHU X,WILHELM W E. A three-stage approach for the resource-constrained shortest path as a sub-problem in column generation[J]. Computers & Operations Research,2012,39(2):164-178.

[144] LOZANO L,MEDAGLIA A L. On an exact method for the constrained shortest path problem[J]. Computers & Operations Research,2013,40(1):378-384.

[145] ZILIASKOPOULOS A,MAHMASSANI H S. Design and implementation of a shortest path algorithm with time-dependent arc costs[C]. Proceedings 5th Advanced Technology Conference,Washington DC,1992:221-242.

[146] PALLOTTINO S,SCUTELLA M G. Equilibrium and advanced transportation modelling[M]. New York:Springer US,1998.

[147] TONG L,ZHOU X,MILLER H J. Transportation network design for maximizing space-time accessibility[J]. Transportation Research Part B:Methodological,2015,81(11):555-576.

[148] VON NEUMANN J,MORGENSTERN O. Theory of Games and Economic Behavior[M]. Princeton:Princeton University Press,1944:2-14.

[149] CHALMET L G,FRANCIS R L,SAUNDERS P B. Network models for building evacuation[J]. Fire Technology,1982,18(1):90-113.

[150] KISKO T M,FRANCIS R L. Network models of building evacuation:development of software system[M]. Gaithersburg:National Bureau of Standards,Center for Fire Research,1985.

[151] 张丽林. 补偿随机规划的若干算法及其应用研究[D]. 青岛:山东科技大学,2008.

[152] 崔迪. 随机规划若干问题的研究[D]. 青岛:山东科技大学,2005.

[153] DANTZIG G B. Linear programming under uncertainty[J]. Management Science,1955,1(2):197-206.

[154] JEWELL W S. New Methods in Mathematical Programming-Optimal Flow Through Networks with Gains[J]. Operations Research,1962,10(4):476-499.

[155] IRI M. A new method of solving transportation-network problems[J]. Journal of the Operations Research Society of Japan,1960,3(1):2.

[156] BUSACKER R G,GOWEN P J. A procedure for determining a family of minimum-cost flow patterns[J]. Operations Research Office Technical Report,1961,1:15.